教育部人文社会科学研究"文化适应理论视域下的西南地区彝民族初中
文化生活作文教学研究（15YJAZH022）"项目资助

U0661996

文化生活作文

作文

理论与实践研究

WENHUA SHENGHUO
ZUOWEN
LILUN YU SHIJIAN YANJIU

胡 斌／著

四川大学出版社

责任编辑：成　杰
责任校对：周　颖
封面设计：墨创文化
责任印制：王　炜

图书在版编目（CIP）数据

文化生活作文理论与实践研究／胡斌著. —成都：
四川大学出版社，2018.10
ISBN 978-7-5690-2524-8

Ⅰ.①文… Ⅱ.①胡… Ⅲ.①作文课-教学研究-初
中 Ⅳ.①G633.412

中国版本图书馆 CIP 数据核字（2018）第 244229 号

书　名	文化生活作文理论与实践研究
著　者	胡　斌
出　版	四川大学出版社
地　址	成都市一环路南一段 24 号（610065）
发　行	四川大学出版社
书　号	ISBN 978-7-5690-2524-8
印　刷	郫县犀浦印刷厂
成品尺寸	148 mm×210 mm
印　张	6.875
字　数	199 千字
版　次	2018 年 10 月第 1 版
印　次	2018 年 10 月第 1 次印刷
定　价	35.00 元

◆ 读者邮购本书，请与本社发行科联系。
　电话：(028)85408408/(028)85401670/
　(028)85408023　邮政编码：610065
◆ 本社图书如有印装质量问题，请
　寄回出版社调换。
◆ 网址：http://press.scu.edu.cn

目　录

绪　论

第一节　课题研究的理论基础

生活作文（记叙文、体验作文、日记都属于生活作文），是语文课程标准颁布之后作文教学的研究热点。在 CNKI 中以"生活作文"为标题的期刊论文达到 60 余篇，以"记叙文写作"为标题的期刊论文（除英语）达到 190 余篇，以"生活作文"或"记叙文"为标题的硕博论文（除英语）达到 140 余篇。

此外，还有比较有影响的作文教学研究专著，如管建刚老师的《我的作文训练系统》《我的作文教学六讲》，黄厚江老师的《你也可以这样教写作》，裴海安老师的《走向有效的作文教学》等。从国内已有研究可以看出：少有研究者对生活作文本身进行系统的理论研究。2013 年笔者出版的学术专著《发现与建构——基于现象学的生活作文研究》，运用现象学生活世界理论对生活作文进行了系统的研究。本课题的研究实际上也是基于已有的理论，对文化生活作文理论进行较为系统的研究，并在西南彝族地区开展了大量的教学实验。为了便于读者能够更好地理解本书的研究内容，笔者简要介绍一下拙著《发现与建构——基于现象学的生活作文研究》的基本内容和基本思想。

在《发现与建构——基于现象学的生活作文研究》一书中，笔者对写真情实感的生活作文的本质进行了界定：生活作文本质上就是对惯常生活世界进行超越的过程。当然，小说创作中的典型化也是一种超越方式，但是生活作文的超越不同于小说的虚构与典型化，其超越活动没有逾越真实的生活世界，而是在真实之中进行超越，比如对日常生活世界的重新打量与操作、聚合、选取、反思、重组、表达，都是生活作文超越惯常生活世界的具体方法。而且，笔者提出的超越论对生活作文的观察、反思、语言表达与修改等环节进行统一解释，认为这些环节的活动都是在超越惯常的生活世界。当然，笔者在这里运用"惯常的生活世界"而未使用"日常生活世界"这一概念，是因为不少研究者和读者常常把"日常生活世界"等同于每天重复的、周而复始的生活，把一个哲学概念偷换成一个日常使用的概念。实际上，"日常生活世界""生活世界"都是现象学哲学家使用的一个非常重要的概念，是一个与"直观""身体"有紧密关联的哲学概念，当然这也是一个使用非常广泛又非常混乱的概念。笔者在该书中，通过对胡塞尔、海德格尔、梅洛·庞蒂、哈贝马斯、赫勒等哲学家对生活世界论述文献的梳理，从现象学层面上对这两个概念进行了界定与区分，把日常生活世界界定为一个与社会生活世界相对的直观世界，把具有重复性的日常生活世界和社会生活世界统一界定为"惯常的生活世界"。

其实，现象学的生活世界就是学生生活作文予以反思的那个世界。生活作文的写作对象是什么？在传统的主客对立思维模式下，其要么是外在的客观世界，要么是内在的心理表象世界。朱建人认为生活作文是"以客观而真实的生活世界为写作对象"[①]，他明确地把生活作文写作的对象界定为真实的生活世界。张鸿苓主编的《语文教育学》认为："写得准确——对客观世界、对个人思想感情能准确无误地表述。……通过观察，获得亲身的体验，积累丰富的表象材料。"[②]张鸿苓也把"客观世界"作为写作的对象。不过，在现象学看来，世界只能被表现为我们所经历的具体时空，是一个

---

① 朱建人. 生活作文之研究 [J]. 上海教育科研，2004（1）：36-38.

② 张鸿苓. 语文教育学 [M]. 北京：北京师范大学出版社，1993：211.

正在被知觉的世界，未在人的知觉中显现出来的世界只能是一个死寂的无意义世界。因此，外在的客观世界不可能成为生活作文的写作对象。

不过有不少学者认为生活作文写作对象是内在的心理表象世界。夏丏尊、刘熏宇认为："在作文时，只是将原旧有的印象——在心中再现，然后依样记述。"① 这里"旧有的印象"就是内在的心理表象世界。叶圣陶（1957）认为"学生写文章从写生的办法入手……能真正地表达出自己的所见所闻所感所思"②。叶圣陶把"所见所闻"与"所感所思"并置起来一起作为"积蓄"，"积蓄"是指进入意识里的东西，我们由此可以推断叶老这里的"所见所闻"是内在的东西。张隆华指出："即使是观察性作文，甚至面对客观事物直接'写生'，练习'素描'，当提笔写时，参与作文过程的也不是感知，而是刚刚感知过的记忆表象。"③ 在这里，张隆华明确认为生活作文的写作对象就是心理表象。那么，生活作文写作对象到底是不是内在的心理表象世界呢？

实际上，生活作文构思和行文过程是一种反思与表达活动。反思可在自然态度下（主客对立思维）进行，也可在现象学态度下进行。在自然状态下，作者只能基于主客对立的思维模式反思，反思直接指向实体化的心理表象。但是，当写作反思指向内在实体化的心理表象世界时，"身体的体验便降级为身体的'表象'，它不是一种现象，而是心理事实"④。这样就丧失了表象世界之外蕴含的意义。笔者举例简单说明："独立寒秋，湘江北去……"这一句子，是诗人进行反思（回忆）的结果。诗人把知觉体验的"行为侧"（如何看）显示出来，明显拓展了诗歌的意义境域，从而将诗人站

---

① 夏丏尊，刘熏宇. 文章作法［M］. 北京：中华书局，2007：30.

② 叶圣陶. 叶圣陶论语文教育［M］. 郑州：河南教育出版社，1986：63-64.

③ 张隆华. 语文教育学［M］. 重庆：重庆出版社，1987：251.

④ 莫里斯·梅洛-庞蒂. 知觉现象学［M］. 姜志辉，译. 北京：商务印书馆，2001：131.

立于天地之间伟岸而孤傲的形象呈现出来，使诗歌呈现更加丰富的意义。所以，生活作文应以非实体化的主客观统一的生活世界为对象。基于以上分析，我们可以说：生活作文的写作对象不是一个外在的客观世界，也不仅仅是一个内在的实体化的心理表象，而应是在个体特定知觉中展开的主客观统一的"这个"世界，也就是现象学意义上的生活世界。

本书的研究同样是基于现象学意义上的生活世界对文化生活作文进行研究。在研究中，我们认为学生的生活世界同样是一个整体性的世界，包含文化、情感、审美、理性等各种内容，而文化生活作文需要学生能从文化的视角来打量这个世界，发现其中蕴含的文化意义，特别是文化表层形式下面的文化价值观。由于个体与个体之间的文化观念有同有异，各自的文化生活世界有重叠的扇面，也有错位的扇面，而正是这些差异导致学生文化适应的障碍。如果不能从文化价值观层面进行调和，不运用社会主义核心价值观进行引导，即使对民族地区的学生采用正确的文化适应策略，也难以从根本上实现文化认同，最终会对学生健康文化心理的形成造成不利影响。

第二节　课题研究的基本目标

本课题以西南彝族地区民族初中为研究对象，在云南楚雄彝族自治州、四川凉山彝族自治州开展教学实验，这不仅有助于在教学实践中验证文化生活作文理论，而且也能培育彝族地区学生健康的文化精神，从而更好地发挥课题研究的实践价值和社会价值。

一、发挥汉语作文教学培育彝族地区学生中华民族共同体意识的作用

2014年12月颁发的《关于加强和改进新形势下民族工作的意见》指出："要积极培育中华民族共同体意识……坚持以社会主义

先进文化为引领，促进各民族文化交融、创新，把尊重、继承和弘扬少数民族优秀传统文化，与传承、建设各民族共享的中华文化有机结合起来。"教育是贯彻落实党的民族工作方针和政策的重要途径，党和政府高度重视民族地区汉语文教学的文化育人功能。作文不仅是一种综合性的言语技能活动，还是自觉建构民族学生文化精神世界的重要途径。多数居住在聚居区的民族学生，一般是进入彝汉杂居的城镇读初中，在新的文化环境中学习和生活，逐渐进入文化适应的关键期（袁晓艳 2010）；初中毕业之后学生一部分升入普通高中，一部分进入职业学校，还有一部分直接进入社会。因此，初中阶段是培养民族学生的中华民族共同体意识的关键时期。基于文化适应理论开展汉语作文教学，能促进学生自觉运用社会主义核心价值观审视日常生活中的各种文化现象，自觉调节文化心理，积极建构多元文化和谐共生的中华民族共同体意识。因此，研究文化生活作文教学能大力推动国家的民族工作方针和政策在语文教育中得到深入的贯彻落实。

二、深入推进《民族中小学汉语课程标准（义务教育）》的实施

2013 年 12 月颁布的《民族中小学汉语课程标准（义务教育）》指出："汉语课程对继承和弘扬中华民族优秀文化和优良传统，增强中华民族文化认同感，增强中华民族凝聚力和创造力，具有不可替代的作用。……在教学中，应有意识地进行文化教学，让学生了解中华文化，热爱中华文化。"课程标准既强调培养民族学生的汉语应用能力，又强调培养学生的文化素养。但在民族中学的作文教学中，存在重技能训练轻文化育人的问题（赵慧 2014）。当前，文化适应理论研究已取得丰硕的研究成果。基于彝民族学生文化适应的心理规律开展汉语作文教学，让民族学生持开放而自信的态度，尊重不同文化，不断理性反思不同文化，增强学生进行文化交流的对话能力，促进学生文化意识健康发展，将有利于在汉语文教育中

全面落实课程标准提出的文化育人目标。

三、有效解决彝族初中生活作文教学的种种问题

大部分彝民族聚居地区，由于语言、经济、教育条件等因素的影响，作文教学中存在的问题更严重。要解决这些问题，需要全面提高作文教学质量。因此，本次课题研究中，课题组设计的实验方案包括语言、思维、表达技巧、观察与阅读积累等方面。

在笔者看来，解决学生生活作文内容贫乏的问题是关键。因为，内容丰富需要学生观察现实生活，既需观察日常生活，也需观察社会生活。社会生活之中往往蕴含更为明显的文化意义，当学生逐渐学会从中发现文化意义的时候，也逐渐学会从日常生活中发现文化意义的能力。熟悉的日常生活与丰富的社会生活，能为作文提供大量意义丰富的内容素材，激发学生对于生活作文的兴趣，从而解决学生作文中普遍存在的内容贫乏、无话可说的问题。

内容贫乏问题是民族中学生作文中普遍存在的问题（卢忠全2012，玉党益2012）。很多教师认为学生的生活面狭窄，内容贫乏是一个难以解决的问题。因此，许多老师在作文教学中非常重视作文"编故事"的方法，结果导致学生的作文内容空洞、贫乏、虚假。实际上，在民族地区，学生的成长环境相对较为封闭，但他们生活环境的文化氛围较为浓厚，参与劳动、祭祀活动、节日庆典活动的机会很多，对周围人的生活状态的感受也较为深入，因此他们的生活世界是丰富的。这需要教师科学引导：一方面，让他们积极参与生活实践，获得丰富的生活感受；另一方面，采用科学方法，在写作时激活学生已有的生活体验。当学生有了丰富的生活体验并能快速激活，在作文中就会有话可说、有话想说，作文其他方面的问题就能较为顺利地解决。

第一章　文化生活作文的定义、特点与教学价值

文化生活作文，作为一种新的生活作文形式，强调从文化的角度审视生活，并在此基础上进行文化立意和表达。文化生活作文，需要让学生从熟悉的日常生活中发现其蕴含的文化意义，并在立意的过程中实现文化观念的重构。因此，文化生活作文不仅能有效达成语文课程的文化育人目标，而且还能让学生进行深度写作并根本解决学生生活作文的"假大空废"问题。当前，一些学校非常重视文化生活作文，纷纷展开教学研究并取得一些可喜的成绩。但是，由于国内文化生活作文的理论研究不足，教学改革的基础理论未取得突破，一线教师在教学实践中存在不少困惑和困难，文化生活作文教学也常常出现偏差。鉴于此，笔者基于现象学的基本思想和方法，对文化生活作文的概念、特点及教学价值进行了较为系统的探讨，以期为广大一线语文教师开展文化生活作文教学提供有益的启示。

第一节　国内文化生活作文教学研究与实践的现状与问题

在百度和知网上进行探索发现，国内对文化生活作文进行专门研究的文献几乎还是一片空白。不过，国内学者谭蘅君老师提出了"文化作文"理论，对文化作文教学进行了较为系统的研究。谭老师首先对文化作文进行了界定，认为："文化作文是用文化的眼光

审视话题，用文化的材料表现话题，用文化的意蕴丰美话题。用文化的笔法写作话题，用文化的思辨挖掘话题，用文化的品位提升话题；是把作文的根扎进文化的土壤，让作文在几千年文化长河中汲取营养，把古代文化、当代文化、生活文化、中外文化对比，古今文化思辨等整合起来，让作文的鲜花散发出文化的芬芳。"① 从该定义可以看出：文化作文就是在选材、立意与表达（方法与语言）上都需要有鲜明的文化特点的写作活动。

"文化作文"在国内产生了较为广泛的影响，全国各地有多所学校参与了"文化作文"教学改革实验。不过，在教学实践中不少教师把文化作文局限于传统文化之中，以考试获得高分为正鹄，文化写作一味追求古典味和文学味，结果导致学生文化写作丧失了生活味。因此，一些研究者对文化作文进了反思和批判："写作之伪，首先伪在对现实生活的无视，伪写作作为一种精神操作的过程，荒芜了个人情怀心灵世界。真正的文化关怀与关怀者的生命原创力密切联系。"② 文化作文不是文化生活作文，但谭蘅君老师在文化作文教学研究中也涉及生活作文，认为文化作文也可以写现实生活："用文化的眼光观照社会人生的作文，或直接表现一个群体、一个民族生存状态的作文，或者运用古今文化材料表达个性的真情实感的作文，或者以生活场景表现生活中的文化的作文等，都是文化作文"③。虽然谭老师未明确提出文化生活作文这一概念，也未专门对文化生活作文这一概念进行界定，但从这里我们还是可以看出，谭老师认为文化作文可以表现真实生活蕴含的文化，能让学生关注与自己生命情感直接关联的生活世界，已初步揭示了文化生活作文的基本内涵。

---

① 谭蘅君，王洪. 初中生文化作文 [M]. 重庆：重庆出版社，2009：3.

② 钱林波. 审视"伪文化"——关于中学写作教学的又一种异化 [J]. 语文教学通讯：高中，2006（4）：40-41.

③ 谭蘅君，王洪. 初中生文化作文 [M]. 重庆：重庆出版社，2009：13.

总的看来，目前国内对文化生活作文教学的研究存在以下问题：一是少有研究者对文化生活作文的定义、内涵、特点与功能进行深入而系统的研究，难以有效指导一线教学实践；二是文化生活作文研究的理论基础较为陈旧，导致教学实践难以突破固有的窠臼。因此，笔者尝试借助现象学基本理论，对文化生活作文进行较为系统的阐释，以期为文化生活作文教学改革提供理论支撑和方法引导。

第二节　文化生活作文的定义和基本内涵

笔者认为，界定文化生活作文这个概念，关键在于对"生活世界"的界定，很多老师都认为生活作文就是以生活世界为写作内容的作文活动。何谓生活世界？一般认为这是一个自明的概念，按传统的主客对立的观点来看，生活世界就是一个外在的客观世界。这种观点的最大问题就在于容易导致学生认为真实的生活世界，就是外在的客观世界，而忽视自己独特的生命体验，使原本具有个性化的主观世界成为一个普遍性的客观世界。从现有的关于生活作文教学研究的文献来看，少有研究者对生活世界这一基本概念进行界定。笔者查询了近3年的硕博士论文，发现研究者都借用朱建人或方明生的概念，认为生活作文就是写真实的生活世界的作文，但都认为生活世界是一个自明的概念，未对"真实的生活世界"内涵进行界定。实际上，在现象学哲学中，生活世界是一个基本概念，胡塞尔、海德格尔、梅洛-庞蒂、哈贝马斯等都对生活世界进行了界定，当代文艺学、教育学也常常在现象学意义上使用"生活世界"这一概念。其实，生活作文的对象正是现象学家们关注的那个生活世界。笔者在《发现与建构——基于现象学的生活作文研究》一书中专门对生活作文反思的对象——生活世界的内涵进行了现象学的界定。在这里，为了便于对生活作文的特点、教育教学功能进行阐释，再次对此概念的内涵进行简单地解释和说明。

生活世界首先是一个直观的知觉世界。胡塞尔认为，生活世界是"通过知觉实际地被给予的、被经验到并能够被经验到的世界"。① 胡塞尔在这里明确地把生活世界界定为一个知觉世界。梅洛-庞蒂在《知觉现象学》中认为"现象"就是"生活体验（living experience），其他人和事物正是在其中被给予我们。……现象场不是一个内在世界，现象不是一种意识状态或精神实体"②。因此，有学者就指出："梅洛-庞蒂所认为的作为知觉现象学研究的现象场不是别的，正是胡塞尔所说的生活世界。"③ 因此，生活世界是一个直观的知觉世界。

其次，生活世界是一个文化世界。生活世界在胡塞尔那里只是他进行先验还原的出发点，"只是作为我们或他人已经对之进行了逻辑判断、认识活动的世界而给予我们。"④ 这个世界"不仅仅是一个缄默的、感知的直观世界，而且是对当下呈现的、具体的、历史的世界及其各种文化产物的一种体验"⑤。因此，胡塞尔的生活世界是一个文化世界。同样，在梅洛-庞蒂看来，"现象学的世界不属于纯粹的存在，而是通过我的相互作用，通过我的体验和他人的体验相互作用，通过体验对体验的相互作用显现的意义。因此，主体性和主体间性是不可分的。"⑥ 在这里，梅氏认为生活世界是一

---

① 埃德蒙德·胡塞尔. 欧洲科学危机和超验现象学 [M]. 张庆熊，译. 上海：上海译文出版社，2005：64.

② M. Meleau-Ponty. Phenomenology of Perception [M]. London and New York：Routledge，1999：57.

③ 李南麟. 胡塞尔先验现象学和梅洛-庞蒂的知觉现象学 [A] 杜小真，刘哲. 理解梅洛-庞蒂——梅洛-庞蒂在当代 [C]. 北京：北京大学出版社，2011：55.

④ 埃德蒙德·胡塞尔. 经验与判断 [M]. 邓晓芒，张廷国，译. 北京：生活·读书·新知三联书店，1999：159.

⑤ Rudof Bernet，Iso Kern and Eduard Marbach ：An Introduction to Husserlian PHenomenology [M]. Evanston：Northwestern University Press，1993：222.

⑥ M. Meleau-Ponty. Phenomenology of Perception [M]. London and New York：Routledge，1999：1.

个主体性和主体间性统一的世界，这里的主体是一个未经先验还原的文化主体，直观的生活世界就会不自觉地被主体文化意识所构造。因此，在现象学家们看来，生活世界就是一个文化世界。

基于以上对生活世界的内涵的现象学界定，我们认为生活作文本质就是以直观的生活世界为对象，在反思和表达中重构精神世界的写作活动，而文化生活作文就是学生在反思和重构中发现和凸显生活世界文化意义的写作活动。文化意义在这里包括两个层面的意义：一是文化表层意义，比如生活事件中呈现具有民族文化特色、地域文化特色、传统文化特色的生活事件；二是深层意义，比如蕴含于文化生活事件中具有群体性的价值观。如果生活作文仅仅停留在第一层面，那么这样的写作显然还属于浅层写作。文化生活作文教学需要教师引导学生从表层的文化生活写作逐渐进入深层的文化生活写作。

本书从现象学角度定义文化生活作文，能够让教师和学生明白：生活作文面对的生活世界本身就是一个隐含文化视角的世界（见第三节中的"文化生活作文的文化性"），个体的文化观念潜在地参与了日常生活世界的构造。因此，只要能从文化的角度去观察和反思生活世界，就能发现生活世界的文化意义。而且，这样还能避免把生活世界外在化和客观化，便于发现在日常生活深层文化价值观隐秘发挥作用的途径，更有利于揭示生活世界的深层文化意义，从而避免文化生活作文的狭隘化和浅层化。

第三节　文化生活作文的基本特点

文化生活作文作为生活作文的一种类型，不仅具有生活作文的特点，还具有自身的特点。充分认识文化生活作文的基本特点，有助于广大教师更加准确地把握文化生活作文教学的内涵，避免在进行文化生活作文教学时偏离文化生活作文的方向。笔者认为，文化生活作文具有体验性、文化性、新颖性、深刻性与对话性等特点。

一、文化生活作文的体验性

文化生活作文的内容不是别的，就是生活世界。生活世界本身就是一个"被知觉的世界，即被知觉经验所体验的世界"①。正因为如此，生活世界是实在世界在知觉之光中显现出来的一个具体的感性世界，也是一个模糊与清晰、情感与理智、审美与认知都在其中的含混的世界。文化生活作文，需要尽可能地面对生活世界本身，在丰富的感性形式中呈现生活世界的文化意义，而不是对生活世界文化意义的理性分析。比如：有一些作文只是对文化节日进行知识性的介绍与分析，写作对象显然不是生活世界，这样就难以与学生生命情感发生直接关联，这种写作可以说是文化作文，但不是文化生活作文。因此，体验性是文化生活作文的基本特点。

二、文化生活作文的文化性

文化生活作文的文化性主要表现在作文观察、作文内容和语言表达等方面。首先，文化生活作文需要从文化的角度观察世界。生活世界虽然是一个文化世界，但它总是一个"侧显"的世界，如果不能从文化的角度去观察生活，也就难以发现其中蕴含的文化意义。如果从文化角度观察生活，就能使生活世界文化意义明显呈现出来。其次，从写作内容来看，文化生活作文不仅要呈现文化特色鲜明的生活世界，比如具有民族性、地域性的生活事件，还要进行文化立意，凸现文化意义不明显的生活事件的文化意义。此外，在语言表达方面，文化生活作文需要学生将具有民族特色的语言和写作技法运用到生活作文之中，比如对方言、对偶句的运用，意境营造法等，当然其中一些方法对初中学生来说存在较大难度，但是我们在教学中可以相机而行，适当让学生掌握一些基本的写作方法，

---

① 李南麟. 胡塞尔先验现象学和梅洛-庞蒂的知觉现象学 [A] 杜小真，刘哲. 理解梅洛-庞蒂——梅洛-庞蒂在当代 [C]. 北京：北京大学出版社，2011：55.

不仅能为学生的作文添彩，还能为学生的文学创作奠定基础。

三、文化生活作文的新颖性

生活作文需要呈现生活世界新的意义。现象学认为事物总是以"侧显"的样态呈现出来，事物在显现着什么，同时也在遮蔽着什么，事物总有无限的深度，"事物作为一个同一性是有深度的，无论它已经向我们呈现了怎样的显像，还是存在着其他未曾出现的方面，而这些全都属于同一个事物。"[①] 这就是说，学生总是可以从日常生活世界中发现新的意义。在作文观察教学中，不少教师常常引导学生转变感官和变化时空进行写作观察，实际上就是为了让作文呈现新的意义。在小学阶段，很多老师会讲这些常见的观察方法，到中学之后老师很少讲写作观察的方法，即便讲解也往往与小学作文教学差不多，很少有教师能引导学生从文化角度观察生活（不是观察文化生活事件），导致中学生作文内容和立意与小学生差不多，作文内容与立意新颖性不足。相反，如果教师能够引导学生从文化角度观察生活，为他们观察生活打开一扇新的、隐秘的窗户，让生活世界以新的样态呈现出来，学生的生活作文就会有新的内容与立意而呈现新颖性。

四、文化生活作文的深刻性

文化生活作文不仅要呈现文化生活的实践形式，还要呈现文化生活的文化价值观。文化价值观处在文化的深层结构之中。荷兰文化学者霍夫施泰德（Geert Hofstede）认为文化包括符号、英雄、仪式和价值观四个层次。符号（Symbols）是指，"承载着某种特定含义且仅仅能被这种文化的共享者们理解的词汇、仪容、图画或者物体。"英雄（Heroes）是指，一些真实或虚构的人物，"他们

---

① 罗伯特·索科拉夫斯基. 现象学导论［M］. 高秉江，张建华，译. 武汉：武汉大学出版社，2009：173.

都具有某一文化高度赞扬的品格，因此被视为楷模。"仪式（Rituals）则是指一些具有重要社会意义的集体活动，包括"问候的方式、向他人表示尊重的方式，社会的或宗教的庆典。"价值观（Values）是指，"一种普遍性的倾向，表现为更喜欢事物的某些特定状态而非其他状态。"① 其中，符号、英雄、仪式属于文化的实践层面，文化价值观属于文化的精神层面。国外还有学者直接把人类文化划分为表层文化和深层文化两个层次。认为深层文化包括对人性善恶的认同，及对信仰、信念、荣誉观、责任感等价值层面观点的看法。② 深层文化实际上就是霍夫施泰德文化结构中的价值层。从以上研究我们能发现：深层文化的价值观总是潜于文化表层的各种实践形式之中，它蕴含于饮食、服饰、建筑等物质形式之中，也蕴含于文学、绘画等符号形式之中，还蕴含在人们日常行为和活动之中。

在日常生活中，尽管文化观念总是时时处处影响着人们的知觉、行为与活动，但它又总是隐蔽地不自觉地发挥着作用，而发现日常生活的深层文化意义又是很难的。因此，在文化生活作文教学中，需要学生具备较强的反思能力，从貌似没有文化意义的日常生活中发现人的行为与活动背后潜藏的文化价值观和文化心理，然后基于反思的结果进行文化立意，最后再进行材料剪裁与组织。因此，文化生活作文是一种深度写作。

五、文化生活作文的对话性

在日常生活中，文化价值观的冲突与融合在人与人之间、自我与自我之间不断地发生。有时候，个体会坚守自己的文化观念，不

---

① Geert Hofstede，Gert Jan Hofstede. Cultures and Organizations：Software of the Mind [M]. New York：McGraw-Hill，2010：8-10.

② 托马斯·麦格奈尔. 表层文化、深层文化和文化认同 [N]. 中国社会科学报，2010-8-24（2）.

同的文化观念之间存在难以弥合的裂隙；有时候，个体内在文化价值观的冲突会给自己带来很多困惑和痛苦。学生在文化生活作文中，肯定会面对这样一个蕴含文化价值观的冲突与融合的生活世界。学生进行文化立意时，不仅要拥有开放和包容的文化心态，还要对不同的文化价值观进行理性反思和批判，以社会主义核心价值观为参照，对不同的文化价值观进行价值判断，不断调整自己的文化观念，重构自己的文化精神世界。此外，在教师引导学生进行文化立意的过程中，学生还会与同学、老师及其他人在文化价值观层面上深度对话。因此，文化生活作文是一种对话性写作。

第四节　文化生活作文的教学价值

一、文化生活作文是达成语文课程文化育人目标的必经路径

在信息化时代，学生在日常生活中接触的文化信息十分广泛，除传统的路径之外，还有互联网这一重要途径，学生在日常生活中会自发地受各种文化信息的影响。丰富的文化信息往往是精华与糟粕共存，学生的文化精神世界很容易被污染，需要通过课程与教学引导学生自觉建构文化精神世界。语文课程与教学在学生文化精神的建构中有独到的功能。因此，文化育人是实施语文课程最为重要的目标之一，《义务教育语文课程标准》明确指出："语文课程对继承和弘扬中华民族优秀文化传统和革命传统，增强民族文化认同感，增强民族凝聚力和创造力，具有不可替代的优势。"[1]

学生的文化精神建构的起点是日常生活世界。个体的精神成长领域是从家庭和社区的日常生活开始的。从上文分析我们知道，文

---

[1] 中华人民共和国教育部. 义务教育语文课程标准［S］. 北京：北京师范大学出版社，2011：13.

化在日常生活中常常以隐蔽的方式发挥作用，个体会不自觉地受到影响，并支配人的行为与活动。因此，学生个体文化精神世界的建构，必需回到日常生活世界。在语文阅读教学中，学生可以从文本世界回到生活世界。但这种从外到内的回归路径，在培育学生的文化精神方面存在难以克服的局限。因为，该路径是由外向内找对应点，而且使用的阅读教材又基本上是统编教材，阅读内容与学生的文化精神状态有错位现象。文化生活作文，则直接面对学生的生活世界，并理性反思这个世界，不断重构这个世界，这样就能直接改造和提升学生的文化生活体验。因此，文化生活作文是达成文化育人目标的必经路径。

文化生活作文能有效达成语文课程文化育人的目标。有些老师会认为学生难以从文化的角度来观察生活并发现其中蕴含的文化意义。也正因如此，学生在小学阶段与中学阶段写作的记叙文，在作文立意方面很难出现变化。比如：亲情是学生作文常见的重要主题，在作文教学中我们会发现，无论小学生还是中学生，普遍都会通过日常生活写爸爸妈妈、爷爷奶奶、老师同学对自己的无微不至的关爱。小学生这样写还行，如果在中学阶段还这样写，作文主题类型就会显得不够丰富，主题深度也不够深刻。下面一段文字就是一篇在教师引导下修改过的作文：

中考只考上二线高中。父亲他竟然拿出多年的积蓄花钱高价送我读最好的高中，我只当作是父亲面子作祟。

我因为向同学借了钱买名牌鞋子，所以找借口去工地向父亲要钱。当走到工地的时候，他正在工作，负责把砖头从一楼搬到六楼，每次挑几十个。从远处一眼就看到他忙碌熟悉的身影，头戴一顶被暴晒后变灰白的草帽，身上是一件从我懂事开始就见到他穿着的马褂，还有半卷起来的黑裤子，脚上是一双深蓝色的解放鞋。看着父亲的背影，我读懂了父亲。

看着自己的"凡客"鞋子，新潮的牛仔裤，那一刻，我读懂了父亲，读懂了父亲那一颗"先孩子之忧而忧，后孩子之乐而乐"的心。可怜天下父母心！回去后，我换下了潮装，拿起角落的书本，我知道在我身后，父亲永远是我坚定的后盾！①

　　虽然这段文字在选材与表达方面都很不错，但它表达的主题就是"父爱的无私与伟大"，这类型立意在初中生的作文中也较为常见。究其原因，是因为老师难以从文化角度引导学生反思日常生活世界。在笔者看来：文化建构需要有较强的理性反思能力，学生进入中学阶段，其逻辑思维已经有很大的发展，具备较强的思辨能力，中学阶段是学生文化意识自觉建构的关键时期。对于初中生来讲，尽管要求他们发现日常生活文化意义有一定难度，但只要教师能从文化角度观察或反思日常生活世界，就能发现日常生活的文化意义，并在此基础上进行文化立意。比如：上面的作文反映的生活事件蕴含着丰富的文化意义，如果教师引导学生从文化角度去反思，是能进行文化立意的。上面的材料可以从学生消费价值观念与父亲的传统文化观来立意，就能找到"消费文化对传统文化的影响""文化与亲情"这样很有深度的主题。

　　同时，虚荣心是青少年中普遍存在的一种现象，虚荣心产生的根本原因是青少年受到成人与同龄人的文化观念的影响，价值发生偏差所致，通过写作就能有效校正学生文化价值观出现的偏差。可见，文化生活作文能让学生在真实的写作中，自觉地对自己已有的、潜在的文化价值观进行理性反思和批判，自觉建构一个健康的文化精神世界，充分体现生活作文教学丰富的教育与教学价值，最终达成语文课程的文化育人目标。

二、文化生活作文是根除"假大空废"问题的重要路径

　　只要我们随手百度一下"2015，作文假大空"几个关键词，就

---

　　①　关于自己做错事的作文［EB/OL］．（2015-10-7）．http：//www．wudu001．com/zuowen/349675/

能发现：到目前为止，"假大空废"依然还是作文教学中普遍存在的问题。尽管该问题长期受到来自各方的质疑和批判，但并未因批判和共识而得到根本解决。看来，作文"假大空废"问题后面存在较为复杂的原因。有人将问题归咎于考试，有人把问题归咎于老师，也有人把问题归咎于学生。其中最具代表性的观点是："生活是写作的源泉，现实生活中，学生接触较多的是家庭和学校，再加上社会上个别安全事故的发生，家长也认为学生在学校和家里最安全，学生在狭小的生活空间里成长，如同笼中小鸟，无法感受蓝天的广阔和风云变幻，对社会缺少观察思考，发现不了、接触不了鲜活的事物，感受不到生活的丰富多彩和人物的纷繁复杂，怎能激起对生活的热爱。"① 的确，现在中学生学业负担极为繁重，初中毕业升学文化考试科目多，大量的作业将很多学生的课余时间挤压殆尽，学生少有时间去参与社会实践活动或休闲娱乐，学生的活动范围与方式非常有限。一般都认为学生作文要读万卷书行万里路，但这种强调外向拓展的方法，在现实生活中实施会面临很多难以克服的困难。也难怪很多老师把生活作文"假大空废"的原因归咎于此。

那么，我们对这个问题真的是一筹莫展了吗？真的只能让学生挖空心思编造一篇篇"假大空"的文章吗？显然不是。首先，生活作文不是不能写真实生活。尽管学生的活动范围与方式非常有限，但无论怎样，学生并未与世界隔离，总会与亲人朋友老师同学交往，与自然接触，与社会生活触碰（社会生活总会以片段的形式渗透到日常生活之中）。实际上，对中小学生来说，生活作文写"真"容易，写"具体生动"还行，但要写"新"就比较困难了。当前小学作文教学改革做得还比较到位，因为小学作文做到"真"与"具体生动"就可。其次，生活作文不仅要"真"还要"新"。生活作

---

① 靳建明. 重庆培训总结［EB/OL］.（2013-11-5）. http：//blog. sina. com. cn/s/blog _ d8f5b2330101ectd. html.

文不能仅仅停留于真实，还需要不断写出新意。否则，学生的真实作文不仅在考试中不能得到一个较满意的成绩，而且也不能发挥生活作文促进学生精神成长的作用。中学生面对的是与小学阶段总体相似的日常生活，发现新的意义的确非常困难。但是，文化生活作文本身就是一种深度写作，如果学生能从文化角度进行作文观察、作文立意与表达，就能写出既"新"又"深"的生活作文。最后，文化生活作文能有效解决生活作文"废"的问题。如果学生能从熟悉的日常生活中发现丰富的题材，写出有深度有新意的文章，也就没必要费心费力编造"假大空"的东西，那么"假大空"也就迎刃而解了。可见，解决生活作文"假大空废"问题的关键在于解决"废"的问题。作为一种深度写作的文化生活作文正好能解决这一问题。因此，文化生活作文是根除生活作文"假大空废"问题的重要路径。

实际上，在一线教学实践中，一些教师已经成功引导学生写出有文化深度的生活作文。比如，一位高二同学的作文《匠人》这样写道：[①]

他走过童年时玩耍的老榆树，雨打得落叶遍地；走过屋后，荒凉使得杂草丛生；走过屋前，时间使得锁上生满了厚厚的铁锈。祠堂的台阶上长满了厚厚的青苔，土地公公的庙中积满了厚重的灰尘，而童年的小河也变成一条小溪。也只有它耐得住寂寞，在时间的长河中慢慢流淌，依然守护着这片土地。……木匠的锯子还挂在墙上，剃头匠的工具箱还收在柜子中，花匠的铲子还靠在门上，修锅匠的担子还堆在墙角……主人已逝，但工具们却还在日夜守望，等待着懂他们的人。

这篇作文虽还可进一步深入反思文化，但其立意还是有一定的深度。由此可见，只要我们语文教师自己拥有敏锐的文化眼光和文

---

① 封鑫宇. 匠人 [EB/OL]. （2016-5-26）. http：//www. zw99999. com/read. php？ tid=13392.

化反思力，就能引导学生以文化之眼审视日常生活，并进行深度写作，从根本上解决当前中小学生活作文教学存在"假大空废"的问题。

生活作文是小学和初中阶段作文教学的主要内容，文化生活作文能够自觉建构学生的文化精神世界，在学生文化精神的成长过程中能够发挥独到的功能。而且，文化生活作文还能够解决学生作文"假大空废"的问题。因此，中小学应积极开展文化生活作文教学，让义化生活作文的文化育人功能得到充分发挥，在作文教学中高度达成语文课程标准提出的文化育人目标。

第二章　文化生活作文是民族地区学生文化深度认同之途

习近平总书记在 2014 年召开的中央民族工作会议上指出："加强中华民族大团结，长远和根本的是增强文化认同，建设各民族共有精神家园，积极培养中华民族共同体意识。"① 培育中华民族共同体意识的关键又在于培育各民族人民对中华文化的认同，因为"文化认同是最深层次的认同，是民族团结之根、民族和睦之魂。文化认同问题解决了，对伟大祖国、对中华民族、对中国特色社会主义道路的认同才能巩固"②。教育作为一种文化传承和文化再生产活动，在增强民族地区学生文化认同、培育其中华民族共同体意识方面肩负极为重要的使命。

语文课程与教学在促进民族地区不同民族学生文化认同方面具有重要的作用。新课程标准指出："语文课程对继承和弘扬中华民族优秀文化传统和革命传统，增强民族文化认同感，增强民族凝聚力和创造力，具有不可替代的优势。"③ 可见，语文课程在培育民族地区中小学学生的文化认同意识方面具有极为重要的价值，语文教学是贯彻落实党的民族工作方针和政策的重要途径之一。生活作文是中小学语文课程教学的重要内容，它不仅是一种综合性的语言

---

① 人民日报评论员. 筑牢中华民族共同体的思想基础——二论学习贯彻习近平中央民族工作会议重要讲话精神［N］. 人民日报，2014-10-10（1）.

② 同上。

③ 中华人民共和国教育部. 义务教育语文课程标准［S］. 北京：北京师范大学出版社，2011：13.

技能活动，还是自觉建构学生精神世界的根本途径。① 在民族地区中小学开展文化生活作文教学，能引导学生发现生活世界中蕴含的丰富的民族文化，在不同民族文化、民族传统文化与现代文化之间展开深度对话，实现不同民族传统文化的传承与创新、融合与发展，不断丰富中华文化的内涵。因此，民族地区科学开展文化生活作文教学，将充分体现语文课程与教学在培育民族地区中小学生中华文化认同感方面独到的价值。

但我们应看到，民族地区中小学教育同样遭受应试教育的影响。有学者敏锐发现："在实践层面上，由于应试教育等因素的影响，民族团结教育实际上存在简单化倾向，表面性形式过多，尤其是弱于根基性的教育措施。"② 民族地区初中作文教学也面临同样的问题。因此，本书尝试阐释文化生活作文在培育民族地区中小学文化意识方面的重要价值，探讨文化生活在学生文化深度认同过程中发挥作用的具体过程和内在机制，阐明文化生活作文是民族地区中学生文化深度认同的必经之途。

第一节　文化认同与日常生活世界的关系

文化是一个有层级性的系统。文化认同可以发生在文化系统的各个层次，但是文化结构的核心——价值观才是文化认同的关键。文化价值观的认同离不开日常生活世界，因为它正是文化价值观认同的起点和归宿。

① 胡斌. 发现与建构——基于现象学的生活作文研究 [M]. 成都：四川大学出版社，2013：31，55.

② 常永才，John W. Berry. 从文化认同与涵化视角看民族团结教育研究的深化——基于文化互动心理研究的初步分析 [J]. 民族教育研究，2010（6）：18.

一、文化具有层次性

国内外不少学者都对文化的结构层次进行了研究。国内学者普遍把文化分为物质文化、制度文化和精神文化三类。一些研究者认为这就是文化的三个层面，其中物质文化（人与自然的物质变换关系发展的产物）属于表层，制度文化和行为文化（人与社会的行为转化关系发展的产物）属于中层，精神文化（人与自身自我意识关系发展的产物）属于底层。[①] 不过，笔者认为：从人与自然、人与社会、人与自我三个角度来划分文化的层次有些不妥，因为这三个维度处于同一层面，不存在表层、中层与底层的层次关系。

荷兰文化学者霍夫施泰德（Geert Hofstede）提出了著名的文化洋葱理论，对文化的结构层次进行了非常细致的划分，认为文化包括符号、英雄、仪式和价值观四个层次。

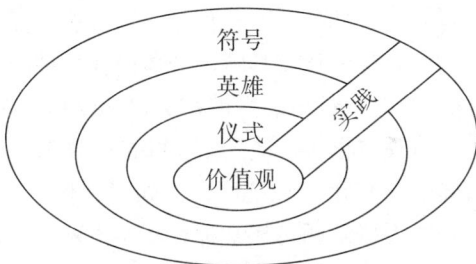

霍夫施泰德的文化结构洋葱图

国外还有学者直接把人类文化划分为表层文化和深层文化两个层次，表层文化就是"作为人类行事方式或行为模式，诸如饮食、起居、艺术创作等文化实践都处于同一层面，构成了被我们称之为'文化表层'的范畴"[②]。深层文化就是蕴含于表层文化之下的与价

---

① 刘守华. 文化学通论［M］. 北京：高等教育出版社，1992：34.

② 托马斯·麦格奈尔. 表层文化、深层文化和文化认同［N］. 中国社会科学报，2010-8-24（2）.

值观紧密关联的东西，"文化实践往往会与另一个层面相联系，那就是表象背后的层面，维多利亚时代表层文化的背后是对人性残忍的一种接受，夹杂以对人类完美性的信仰、对进步的信念、对表现为'为尊重而尊重'的荣誉的关注、对身心洁净的重视、对感伤的追求以及延伸至慈善事业和促进教育的责任感。"① 可见，深层文化就是对人性善恶的认同，对信仰、信念、荣誉观、责任感等价值层面的观点和看法，这实际上就是霍夫施泰德文化结构洋葱图中的价值层。

"文化的本质就是人化。"② 文化形成的过程就是客观对象的人化（主体化）的过程，人化的对象不仅包括自然之物（投射与改造），也包括人自身（群体与自我）。文化的本质就是人在社会实践中不断发展的精神观念，精神观念只能由外在的物质、行为活动和符号承载，比如建筑、服饰、风俗习惯、文学艺术等。结合中外学者的研究，笔者认为：如果把文化作为一个静态的概念（文化的结果）来看，所谓的表层文化就是特定群体内在精神的承载形式（实物与符号），深层文化（价值观）就是文化的内容。内容决定形式，也就是说文化价值观在根本上决定了文化的表现形式。因此，文化认同如果仅仅发生在文化实践层面，比如对其他民族饮食、服饰、建筑等文化符号的表层认同，从某种意义上说还不是真正的文化认同。因此，文化认同的关键在于文化价值观的认同。

二、文化认同的关键在于文化价值观的认同

文化认同可以在文化结构的不同层次发生。不同民族文化的表层实践形式千差万别，各有自己认可的、熟悉的行为规则，因此，在社会实践交往中不同文化群体之间很容易发生矛盾。当然，个体

---

① 托马斯·麦格奈尔. 表层文化、深层文化和文化认同［N］. 中国社会科学报，2010-8-24（2）.

② 同上。

也可能在外部环境的作用下，被动适应本民族或其他民族的文化实践活动，但由于缺乏价值观的认同，在文化实践层面的交往中往往只是被迫遵守对方文化的行为规则。如果个体表层文化实践活动与深层文化价值观发生冲突，就会导致个体精神状态出现不适。一旦外部控制力量减弱，或反抗力量增强，个体就会反抗原先的文化束缚，导致社会秩序混乱或失控。因此，文化的表层认同必须借助深层价值观的认同，才能有效解决表层认同中出现的种种问题。

文化价值观的认同，是弥合文化实践层面差异和分歧的关键。如果不同文化群体之间能从文化价值观层面实现对话与沟通，达成一致或者相互理解，那么就能够实现文化的深度认同。当不同文化在价值观层面实现认同，持不同文化观念的个体更容易理解和尊重不同文化实践层面的差异，在实践层面上出现的问题也就迎刃而解了，也就愈加促进不同文化实践形式的发展，从而实现多元文化的和谐发展。这样不仅有利于各民族优秀文化的传承与创新，也有利于中华文化共同体的文化内涵的丰富与发展。

文化价值观的认同虽然存在很多障碍，但是通过理性反思、协商对话，依然能够找到认同的途径。文化价值观是个体文化精神结构中最为稳定的部分，要解决在文化价值观层面产生的分歧并非不可能，只要能排除利益冲突或协调利益冲突，就能找到不同文化价值观的认同点。"根深蒂固的有神论和世俗主义的差异可能会导致表层文化中难以协调的矛盾，但我们可以在深层文化中发现契机。"[1] 实际上，我国是一个统一的多民族国家，不同民族只要坚持国家认同，以社会主义核心价值观为参照，在自由和平等的基础上以包容的心态、建设性的态度展开对话，完全能在价值观层面实现不同文化的深度认同。

---

① 李荣善. 文化学引论 [M]. 西安：西北大学出版社，1996：25.

三、文化价值观认同的起点和归宿是日常生活世界

国外文化研究者（Farver，J.，Narang，S.，Bhadha，B. 2002）指出："父母的作用是塑造和强化孩子们的民族行为方式、传授文化传统、信仰和价值。"① 还有研究者（Rumbaut，1994）认为："个人的出生地是影响个体民族认同的另一个重要因素。"② 由此可见，家庭和个体出生及生长地是对个体文化观念形成的最重要的地方，也就是说日常生活是个体文化意识形成最为关键的地方。"日常生活是一个'平面'，它同社会的其他'平面'相比，有其自己的意义。现在，日常生活的平面要比生产场合那个平面更加突出，因为'人'正是在这里'被发现'和'被创造的'。"③ 日常生活世界是建构学生精神世界的起始领域，当然也是儿童文化认同意识形成的起始领域。

日常生活世界是个体最为熟悉和亲近的地方，个体在日常生活中常常会不自觉地接受日常文化的影响。海德格尔曾经对日常文化对个体的影响有一段精彩的描述："常人怎样享乐，我们就怎样享乐；常人对文学艺术怎样阅读怎样判断，我们就怎样阅读怎样判断；竟至常人怎样从'大众'中抽身，我们也就怎样抽身；常人对什么东西愤怒，我们就对什么东西愤怒。"④ 文化价值观往往潜藏于各种文化符号、文化行为的背后，往往难以被人察觉，文化价值观往往以集体无意识的形式时时处处支配人的日常生活行为。日常

---

① Farver，J.，Narang，S.，& Bhadha，B. East meets West：Ethnic identity，acculturation，and conflict in Asian Indian families [J]．Journal of Family Psychology，2002，16（3），338-350.

② Rumbaut，R. G. The crucible within：Ethnic identity，self-esteem，and segmented assimilation among children of immigrants [J]．International Migration Review，1994，28（4），778.

③ 阿格妮丝·赫勒. 日常生活 [M]．衣俊卿，译. 重庆：重庆出版社，1990：3.

④ 马丁·海德格尔. 存在与时间 [M]．陈嘉映，王庆节，译. 北京：生活·读书·新知三联书店，2006：147.

文化对个体的影响具有自发性和隐秘性，如果个体在日常生活世界中缺乏反思意识，就会基于个体的习惯、偏见、需要等自发接受日常文化的影响。这就意味着：在自然状态下，个体成长的日常文化环境对个体文化价值观的形成发挥着隐秘而关键的作用，儿童往往在不自觉中选择与接受了不同文化。因此，日常生活世界是儿童文化认同的起始领域。

在当前较为开放的环境中，民族地区中小学学生的日常生活中蕴含着不同文化：传统文化与现代文化、本土文化与外地文化、主流文化与边缘文化。特别是在商品经济时代，商业文化借助强大的资本和科技力量、精美的包装、发达的新媒体，不断给个体感官带来舒适与愉悦，不断刺激学生的消费欲望，不断挤压传统文化在学生日常生活世界中的存在感，不断削弱优秀传统文化对学生文化精神的影响。因此，民族地区学生在成长的过程中，如果不能面对日常生活世界，自觉进行文化反思，个体不仅会丧失优秀文化传统，还会受到日常生活世界各种文化的严重影响，导致个体丧失自己的民族文化身份，造成个体文化人格的分离，并给文化认同带来障碍。

有学者就担心民族文化的身份认同障碍具有导致国家分离的危险性，主张以国民意识代替民族文化意识。一些研究还表明：个体"对自己身份依附的程度强烈影响其所处环境中的价值与规则的重要性"[1]。如果能基于个体出生和生长地域建构个体的文化（民族）身份，解决其种族身份认同问题，就能使"他们感觉更加安全，并感受到积极的心理调整，从而增加生活成就感。"[2] 因此笔者认为：

---

① Pinney, J. S. Ethnic identity and acculturation. In K. M. Chun, P. B. Organista, & G. Marin (Eds.), Acculturation: Advances in theory, measurement, and applied research [M]. Washington, DC: American Psychological Association. 2003: 63-82.

② Ranim Hallab (2009). Acculturation to the global consumer culture and ethnic identity: an empirical study in Lebanon [D]. Concordia University, 2009: 18.

狭隘的民族认同的确会给国家认同带来很大的危害，但如果能引导不同民族学生自觉反思日常文化，不仅能使其自觉传承和创新优秀的传统文化，形成清晰的文化身份意识，还能促使学生以开放、自信的态度吸收其他不同民族文化的优秀成果，吸收现代文化的精华，最终形成传统与现代、独特性与普遍性统一的中华文化共同体意识。

日常生活世界不仅是学生文化认同的出发地，还是文化认同的归宿。文化认同不仅发生在日常生活中，也发生在学生的学习生活中。儿童在学校教育中的主要活动是文化学习活动，学校文化学习主要是借助语言符号体系进行的。语言符号作为文化的载体，能够承载极为丰富的文化信息。但是，语言符号有抽象性、非情境性的特点，致使其往往与个体的日常生活世界缺乏联系，容易导致学生丧失学习的意义和学习兴趣。日常生活世界与个体生命存在直接关联，是一个充满爱恨情仇的意义世界，是一个对个体来说最有价值的世界。因此，社会生活世界和符号世界蕴含的文化价值观，需要回归到学生的日常生活世界，与个体日常存在体验关联才能获得意义和价值，才能有效发挥文化价值观对个体日常活动的规范作用。可见，文化深度认同最终需要回归个体的日常生活世界，在日常生活体验的基础上通过理性反思逐渐接受共同的文化价值观，并与日常生活实践活动结合起来，逐渐形成稳定的文化价值观，最终实现文化的深度认同。

第二节　文化生活作文是民族地区学生深度认同文化的过程

相对来说，民族地区学生生活的文化环境更为复杂。学生在学校学习的过程中，不仅受到来自家庭、社区或乡村不同传统文化的影响，也会受到来自新媒体传播的各种文化的影响，以及来自学校课程文化的影响。文化认同"涉及个体对文化实践的反思，同时把文化特征添加或保存到自我概念之中"①。民族地区学生文化价值观的认同离不开对生活世界文化的理性反思、对话与创新。文化生活作文本质上就是对生活世界进行文化反思与建构的活动。在民族地区开展文化生活作文，就是让民族地区学生发现生活世界的文化意义、重构文化价值观的过程。因此，民族地区中小学生进行文化生活作文的过程就是实现文化深度认同的过程。

一、文化生活作文是学生发现生活世界中文化价值观的过程

生活世界，特别是日常生活世界，其文化价值观的存在具有隐秘性。日常生活世界就是学生在个体再生产活动中遭遇的主客观统一的知觉世界。文化价值观蕴藏于人们日常的吃穿住行、婚丧嫁娶、节日庆典等日常活动之中。在日常生活中个体往往受到日常思维方式的影响，"我们离日常生活文化那么近，以至于我们自以为可以准确地认识它。同时，我们又如此深地纠缠于其中，这又导致我们缺少必要的时间和距离去反思它们，因而我们会对自己的日常举止做出错误的解释，或者不能对已经不再起作用的习惯性行为予以纠正。"② 民族地区的学生难以发现日常生活世界中蕴含的文化价值，只能自发地建构自己的文化精神世界。

文化生活作文首先需要对生活进行文化观察。文化观察的过程就是发现日常生活世界文化价值观的过程。在民族地区，有不少教师引导学生观察传统文化生活（比如节日庆典、婚丧嫁娶、文化古迹），但缺乏从价值观层面去发掘深层的文化意义，学生也只是"客观地"写下自己的所见所闻。这种观察只是观察文化生活，而

---

① Cokley，K. O. Racial（ized）identity，ethnic identity，and Afrocentric values：Conceptual and methodological challenges in understanding African American identity［J］. Journal of Counseling Psychology，2005（4）：524.

② 赫尔曼·鲍辛格. 日常生活的启蒙者［M］. 吴秀杰，译. 桂林：广西师范大学出版社，2014：24.

不是文化观察。尽管民族地区的学生生活在各种文化多元存在的环境中，很容易感受到文化的表层差异，但不从文化的角度进行观察，学生仍然难以发现文化生活事件背后的价值观。进行文化观察需要教师引导学生能从物（文化载体）看到人（价值观念），从个人（观念）看到群体（文化观）。教师可以引导学生从文化意义明显的文化生活事件中发现人们对自然、社会和自我的看法，然后引导他们从文化意义不明显的生活事件中发现其中蕴含的价值观。这样就能逐渐提高学生发现文化生活世界蕴含文化价值观的能力。

二、文化生活作文是学生自觉进行文化反思、对话与融合的过程

生活世界中的文化价值观不仅其存在具有隐秘性，而且其作用也具有隐秘性。在民族地区学生的日常生活世界中，传统的与现代的、本民族的与他民族的、主流的与边缘的、日常的与非日常的文化价值观纠缠在一起。但是，学生常常缺乏文化理性反思与对话意识，只是自发接受和认同自己所在的族群的行为方式与习惯，自发接受与自己原初价值观一致的其他文化，拒绝与自己原初价值观不一致的其他文化。因此，如果民族地区学生不能自觉对自己的传统文化和其他文化进行反思、批判与对话，是难以实现文化深度认同的。

文化生活作文需要文化立意。学生进行文化立意不仅需呈现生活事件蕴含的文化价值观，还需以社会主义核心价值观为参照，对传统文化蕴含的价值观进行反思，把传统民族文化价值观与其他文化价值观进行比较，并在此基础上对各种文化蕴含的价值观做出价值判断和选择。可见，文化生活作文立意实质上就是学生自觉进行文化反思、批判、对话与融合的过程。

三、文化生活作文是学生从根本上认同文化的过程

学生进行文化生活作文中反思的对象就是生活世界本身。对民

族地区中小学生来说，其意义世界也同样包括日常生活世界、社会生活世界和符号世界三个部分。[①] 社会生活总是以零散的形式进入学生的日常生活世界，日常生活世界是其生活世界的主体部分。日常生活事件主要涉及家庭生活、社区或乡村的节日活动、校园闲暇生活（游戏、运动会、文艺表演等）。学生个体正是在这些日常活动中与亲人、朋友、同学以及老师之间建立了各种情感联系，同时也在这些活动中自觉接受了传统文化的符号形式、行为规范和价值观。因此，对于中小学生来说，日常生活世界才是他们最有意义和价值的世界。

民族地区学生进行文化生活作文时，反思的对象主要是日常生活世界。也就是说，学生进行文化生活作文，就是基于自己的生活体验进行文化反思与对话，在有意义的生活中逐渐实现文化价值观认同。因此，作文具有不可替代的作用和价值，更有利于民族地区的学生建立一个稳定的、开放的文化心理结构，能为学生文化精神的发展奠定坚实的基础。由此可见，学习写作文化生活作文的过程是民族地区学生从根本上实现文化认同的过程，是建构多元文化和谐相生的中华文化共同体的过程。

第三节　文化生活作文是民族地区学生文化深度认同的可行之途

一、文化生活作文能吸引民族地区学校和教师积极开展作文教学改革

课题组在对云南、贵州和四川等彝民族地区 20 余所学校初中生记叙文写作情况的调查研究中发现：学生在选材方面存在的主要

---

① 胡斌. 发现与建构——基于现象学的生活作文研究［M］. 成都：四川大学出版社，2013：31，55.

问题是贫乏、无意义（100％）、千篇一律（90％）、无话可说（80％）、虚假（30％）。可见，"废"才是当前民族学生生活作文的主要问题。究其原因，是教师难以引导学生从反反复复、平平淡淡的日常生活中发现生活的意义。文化生活作文能引导学生从文化的角度观察日常生活，发现其间蕴含的丰富的文化意义，并写出新颖的、有深度的作文，从而解决"假大空废"的问题。对学生来说，在文化生活作文中，学生必须面对自己的日常生活体验，关注自己最熟悉也是最陌生的日常生活事件，这些事件是与学生生命体验、情感、价值观紧密关联的事件，因此学生就会对写作产生兴趣。对学校和教师来说，文化生活作文教学不仅能提高学生的作文考试成绩，而且还能实现语文课程肩负的重要使命——培育学生的文化认同能力，因此他们也会积极开展生活作文教学改革。在课题研究的过程中，很多学校、一线教师都非常积极地要求参与课题实验，也证实了文化生活作文对学校和教师有很大的吸引力。

二、民族地区学校急需开展文化生活作文教学

目前，民族地区很少有教师能自觉从文化认同的角度开展记叙文教学。课题组对西南彝民族地区教师进行问卷调查时提出"您是如何通过生活作文培育学生文化认同感的？"这一问题，将近40％的教师回答是没有关注，即使有一部分老师回答关注过，但具体做法一般也只停留在内容的选取上，比如要求学生写风俗民情，而未挖掘其中的文化价值观，很少有教师能自觉引导学生发现文化生活世界背后的文化价值观和日常生活世界中蕴含的文化价值观，更不会引导学生发现日常生活世界中文化价值观的冲突与融合，导致文化育人的表层化和形式化，这就意味着课程标准中的文化认同目标在中小学作文教学中难以高度达成，因此需要在民族地区大力开展文化生活作文教学。

总之，文化生活作文是民族地区学生文化深度认同的必经之途。一方面，文化生活作文对民族地区学生文化深度认同具有不可

替代的独特价值，因为它本质上就是学生对生活世界的文化价值观进行反思、对话、融合并实现深度认同的过程。另一方面，学校和教师对文化生活作文也有较强的需求，因为文化生活作文教学对提升民族地区作文教学水平成效显著，能有效提高学生写作能力，高度达成语文课程与教学的文化育人目标，深度推进中华民族共同体思想基础（中华文化共同体）的建设。因此，文化生活作文教学将会有力推动民族地区中小学作文教学改革不断深入。

第三章　西南彝民族地区初中文化生活作文教学现状

　　"文化适应理论视域下的西南地区彝民族初中文化生活作文教学研究"课题组于 2015 年 9 月至 2016 年 6 月，对云南省楚雄彝族自治州、四川省凉山彝族自治州、四川省乐山市、四川省攀枝花市等地的彝民族地区初中文化生活作文教学情况进行了深入调查。被调查的学校包括云南省楚雄彝族自治州民族中学、楚雄妥甸中学、禄丰县腰站初级中学、凉山甘洛县民族中学、西昌市民族中学、德昌民族中学、美姑县民族中学、越西民族中学、泸定县第二中学、雷波县马颈子九年一贯制学校等 20 余所。这些学校分布地区广泛，遍及地级市、县城和乡镇；学校类型全，有普通中学、二类模式学校、一类模式学校；其中：一类教学模式学校占 12%，二类教学模式学校占 13%，普通模式学校占 75%。

　　本次课题研究对彝民族地区初中生活作文教学基本情况进行了全面调查，包括学生在生活作文选材、立意、构思、语言、写作方法等方面的情况及教师生活作文教学的情况。本次调研采用了问卷调查和访谈两种方法。调研发放问卷 100 份，实际回收 100 份（因数据饱和，未继续问卷调查）。同时还对三所民族中学教师做了深度访谈。通过调查了解到学生生活作文及教师教学的现状，发现了民族地区初中文化生活作文教学存在的问题。在调查的基础上，笔者针对存在的问题，提出了相应的对策。

第一节　被调查学校及教师的基本情况

本研究对被调查学校的属地特点、办学模式、语文教师类型和教师学历、职称、年龄、民族等情况进行了全面调查。这些学校的基本情况如下：

一、学校属地的基本情况

被调查的学校大多位于彝民族杂居区。其中，有53％的学校位于彝族杂居区，36％的学校位于彝族聚居区，9％的学校位于汉族聚居区，只有2％的学校位于其他民族聚居区（如图3.1所示）。

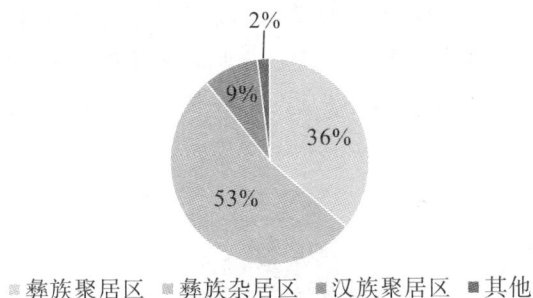

▨彝族聚居区　▨彝族杂居区　▨汉族聚居区　■其他

图3.1　学校属地的基本情况

二、学生民族构成基本情况

调查结果表明：西南彝民族地区被调查的学校中，大多数学校以汉族学生为主。其中，73％的学校学生构成以汉族学生为主，14％的学校学生构成以彝族学生为主，10％的学校全为彝族学生，3％的学校彝汉学生相差不多（如图3.2所示）。

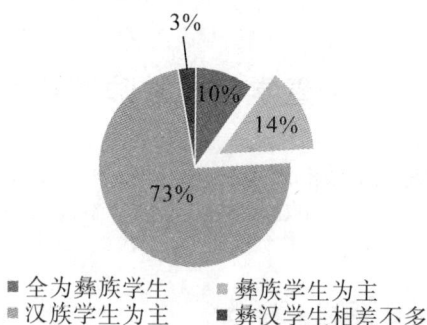

图 3.2　学生民族构成基本情况

三、学校办学模式基本情况

被调查的学校中，大多数学校的教学模式以普通教学模式为主。其中，86％的学校教学模式以普通教学模式为主，8％的学校教学模式以二类模式为主，6％的学校教学模式以一类模式为主（如图 3.3 所示）。

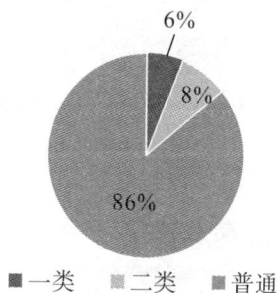

图 3.3　学校办学模式基本情况

四、语文教师类型构成基本情况

被调查的教师中，大多数教师都是普通语文教师。其中，83％的教师是普通语文教师，17％的教师是汉语言教师（如图 3.4 所示）。

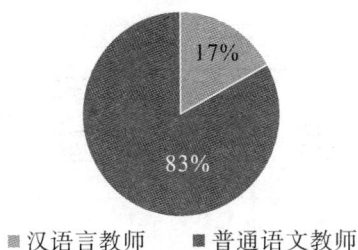

图 3.4　语文教师类型构成基本情况

五、语文教师学历构成基本情况

被调查的教师中，大多数教师都是本科学历。其中，89％的教师是本科学历，9％的教师是专科学历，2％的教师是研究生学历（如图 3.5 所示）。

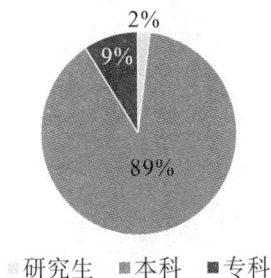

图 3.5　语文教师学历构成基本情况

六、语文教师职称构成基本情况

西南彝民族地区被调查的教师中，大多数语文教师的职称为中学一级和中学二级。其中，43％的教师职称为中学二级，40％的教师职称为中学一级，16％的教师职称为中学高级，1％的教师职称为中学初级（如图 3.6 所示）。

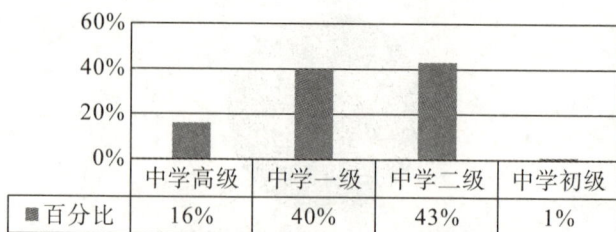

	中学高级	中学一级	中学二级	中学初级
■百分比	16%	40%	43%	1%

图 3.6　语文教师职称构成基本情况

七、语文教师民族身份构成基本情况

被调查的教师中，大多数语文教师为汉族。其中，79％的教师是汉族，18％的教师是彝族，仅有 3％的教师是其他民族（如图3.7所示）。

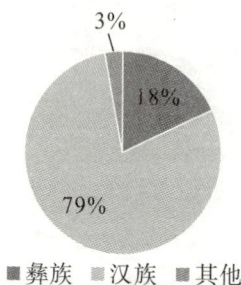

图 3.7　语文教师民族身份构成基本情况

八、语文教师年龄构成基本情况

被调查的教师中，大多数教师年龄在 30～49 岁这个范围内。其中，41％的教师年龄在 30～39 岁，29％的教师年龄在 40～49 岁，22％的教师年龄在 20～29 岁，8％的教师年龄在 50～60 岁（如图 3.8 所示）。

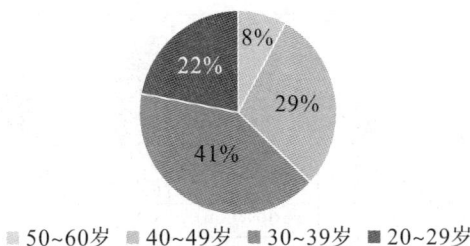

■ 50~60岁　■ 40~49岁　■ 30~39岁　■ 20~29岁

图 3.8　语文教师年龄构成基本情况

第二节　彝民族地区初中生活作文教学现状与问题

开展文化生活作文教学需要建立在学生生活作文写作的基础之上。如果学生在生活作文选材、立意、组织材料、语言表达等方面存在问题，那么教师在实施文化生活作文教学中就存在很大的困难。只有了解学生生活作文的基本情况，才能在实施文化生活作文教学的过程中有针对性地进行作文训练。因此，课题组对彝民族不同地区、不同类型、不同层次学校初中生的生活作文进行调查，发现不同学校的学生在生活作文选材、立意、构思、语言表达等方面普遍存在相似的问题，不同学校的老师在教学理念、教学策略与方法等方面普遍存在类似的问题。

一、学生语言表达水平低

在作文写作中，学生语言表达水平整体偏低，在语法、词汇、修辞方法和语言形象性方面都存在问题。词汇和修辞使用方面存在的问题尤为突出，调查中有99％的老师认为词汇贫乏是学生作文的主要问题，有87％的老师认为语言形象性不足是学生作文的主要问题，有55％的老师认为不善用修辞是学生作文的主要问题，有31％的老师认为语法错误多是学生作文的主要问题（如图3.9所示）。

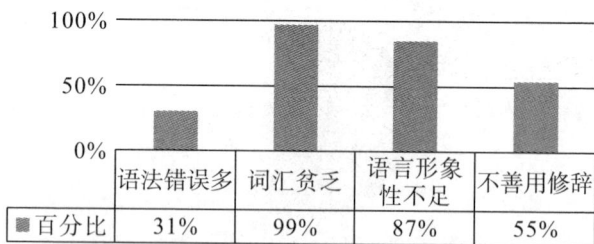

	语法错误多	词汇贫乏	语言形象性不足	不善用修辞
■百分比	31%	99%	87%	55%

图 3.9 作文写作中学生语言表达方面存在的问题

从课题组收集选出的 50 份写作困难的学生作文中发现：学生在作文写作中语言表达方面最大的问题就是词汇贫乏，比如，作文中出现精彩词语（引用或化用古典诗文、运用成语或俗语）的作文仅有 4 份，所占比例为 8％。学生作文在语言表达上缺乏形象性，在描写的时候常常运用一些抽象的动词和形容词，类似"将粽叶折过来，然后再在另一面弄一个角出来"的句子很多，形容心情多用"开心""高兴""激动"等词语，描写雪时多用"大""小"等词语，这些动词和形容词是一些抽象动词，缺乏形象性。同时，学生在叙事时普遍缺乏修辞意识，比如，类似"整个人都不好了""我十分高兴"这样的句子很多，这些句子是可借修辞来形象化、具体化的。学生作文语法错误主要存在于一些较为复杂的句子中，类似"妈妈把买的雄黄粉放在碗里再剥几个粽子在里面后放了一些白酒进去后把他们搅拌一下之后在家各个角落洒了一些"的句子常常出现。

导致学生在写作中语言表达水平低的原因有很多。学生词汇贫乏大致有两点原因：一是阅读量少，词汇积累不够；二是一些学生受生活的语言环境影响，很少有机会练习汉语，汉语词汇积累不足。学生不善用修辞与语言形象性不足，这个问题不仅与阅读量和词汇积累有关，而且与学生观察力也有密切关系。被调查的教师中只有 31％ 的教师认为学生的语法错误多是学生作文的主要问题，相对其他问题而言，这一点不是特别突出，作文语法错误多的主要原因是学生在写作中运用的句子结构简单，这一点不是学生作文失分最为关键的地方，也因此易被忽略掉。

二、学生作文选材范围窄

在作文写作中，学生的选材范围很窄。选材存在无意义、千篇一律、无话可说、虚假等问题。其中，选材千篇一律、贫乏无意义的问题尤为突出，91％的教师认为千篇一律是学生作文选材的主要问题，87％的教师认为贫乏无意义是学生作文选材的主要问题，55％的教师认为虚假是学生作文选材的主要问题，48％的教师认为无话可说是学生作文选材的主要问题（如图 3.10 所示）。

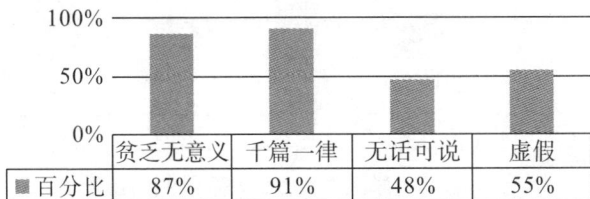

	贫乏无意义	千篇一律	无话可说	虚假
■百分比	87%	91%	48%	55%

图 3.10　学生作文选材方面存在的问题

从课题组收集的 100 份写"端午节"的作文中发现：学生作文最大的问题是贫乏无意义和千篇一律。比如，绝大部分学生写端午节只写端午节包粽子、吃粽子，或介绍端午节的由来。学生作文大多寥寥数语，或满篇流水账，在其他作文中也发现类似情况，学生所写内容主要包括做家务、干农活、本民族节日以及亲友同学间的故事等，题材雷同。不过，学生虚假作文的现象并不突出，特别是基础差的学生的作文一般都是写自己的真实生活。

因为民族地区不少学生生活在较偏远地区，学生的日常生活不是特别丰富，加之大部分学生的视野受到局限，难以从日常生活中发现生活的意义。所以，学生作文普遍存在选材范围窄，内容贫乏无意义的问题。

三、学生作文思维能力低

在作文写作中，学生在思维方面的问题有思绪混乱、综合思维不足、分析思维不足、联想与想象力不足。其中，联想与想象力不足的问题尤为突出，被调查的教师中有 78% 的教师认为联想与想象力不足是学生作文思维方面的主要问题，有 73% 的教师认为综合思维不足是学生作文思维方面的主要问题，有 57% 的教师认为思绪混乱是学生作文思维方面的主要问题，有 52% 的教师认为分析思维不足是学生作文思维方面的主要问题（如图 3.11 所示）。

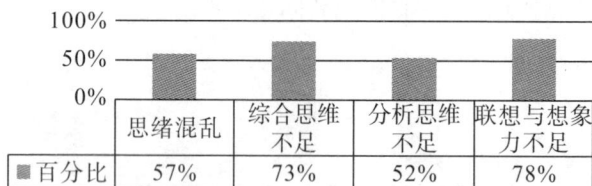

	思绪混乱	综合思维不足	分析思维不足	联想与想象力不足
■百分比	57%	73%	52%	78%

图 3.11　学生作文思维方面存在的问题

从课题组收集的 100 份写"端午节"的作文中发现：学生作文联想与想象力不足，不能由点到线、由线到面展开联想。比如，学生写端午节，不能把吃粽子与民俗文化联系在一起。学生作文综合思维不足，不能对纪念屈原的活动或端午节的日常活动进行分析与综合，然后提取主题，大多数作文只是简单地将自己的见闻罗列出来。

学生思维能力低的主要原因：一方面是教师未重视思维在生活作文写作中的重要作用；另一方面是教师难以发现学生的思维障碍点，作文训练极为随意，不能建立一套适合学生的思维训练体系，对学生进行科学有序的思维训练。

四、学生作文立意能力不足

在作文写作中，学生作文结构混乱，具体表现出的问题有主题不鲜明、主题不深刻、主题不新颖和主题雷同。主题不深刻与主题不新颖的问题尤为突出，有 90％的教师认为主题不新颖是学生作文立意方面的主要问题，有 82％的教师认为主题不深刻是学生作文立意方面的主要问题，有 81％的教师认为主题不鲜明是学生作文立意方面的主要问题，有 67％的教师认为主题雷同是学生作文立意方面的主要问题（如图 3.12 所示）。

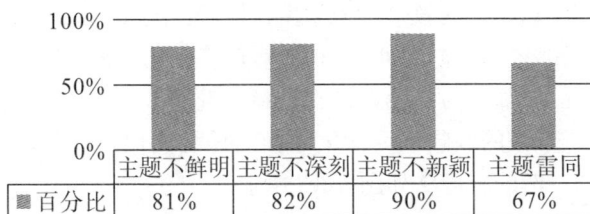

	主题不鲜明	主题不深刻	主题不新颖	主题雷同
▨百分比	81%	82%	90%	67%

图 3.12　学生作文立意方面存在的问题

从课题组收集的 100 份写"端午节"的作文中发现：主题不鲜明是学生作文最大的问题，将近一半的作文没有主题。其次是主题不新颖与不深刻，大部分学生作文内容都围绕端午这天"包粽子""喝药汤""吃粽子""纪念屈原"等内容来写，主题大同小异。

学生作文中存在的问题是主题不鲜明、不深刻、不新颖，追根溯源就是立意问题。学生作文立意能力不足，具体表现为：一是学生缺乏作文的立意意识，行文随意；二是学生思维能力低，逻辑思维能力不强，比如彝民族的传统节日、习俗是很好的题材，但是学生不能从中挖掘有新意的立意，而造成大部分主题雷同的现象；三是学生难以发现生活的意义，比如学生难以发现意蕴。

第三节　彝民族地区初中学生文化适应教育情况调查

由于初中学生难以理解文化及文化认同等概念，因此，问卷未对学生进行文化适应情况调查。教师是引导学生自觉进行文化认同教育的关键因素，因此课题组对教师的文化观念，在教学中实施文化认同教育的情况进行了调查。

一、学生对传统文化的态度

大多数教师认为，学生在面对传统文化意识时，持理性反思的态度。其中，82%的教师认为学生在面对传统文化意识时，持理性反思的态度；62%的教师认为学生在面对传统文化意识时，持创新的态度；60%的教师认为学生在面对传统文化意识时，持开放的态度；54%的教师认为学生在面对传统文化意识时，持自信的态度，仅有2%与6%的教师认为学生在面对传统文化意识时，持独尊传统与顺其自然的态度（如图3.13所示）。

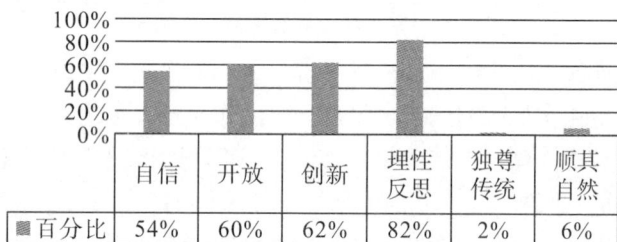

	自信	开放	创新	理性反思	独尊传统	顺其自然
百分比	54%	60%	62%	82%	2%	6%

图3.13　学生对传统文化的态度

从调查情况可以发现：彝民族地区语文教师大部分都知道应该以正确的态度面对不同文化，特别是绝大多数教师认为应培养学生理性反思的态度，而文化生活作文本质上就是学生通过理性反思建构文化精神的过程。这也正显现本课题研究具有的重要意义。当然也有极少数教师对文化认同教育持保守观念，这对文化适应教育会造成阻碍。

二、不同民族学生对现代文化的态度

西南彝民族地区被调查的教师中，有15%的教师认为不同民族学生对现代文化的态度没有差异，有41%的教师认为不同民族学生对现代文化的态度略有差异，有 39％的教师认为不同民族学生对现代文化的态度有较大差异，仅有 5％的教师认为不同民族学生对现代文化的态度有显著差异（如图 3.14 所示）。

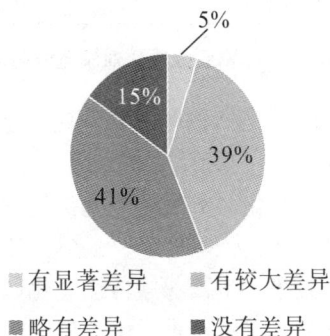

图 3.14　不同民族学生对现代文化的态度

从调查情况可以看出：大部分老师认为，不同民族学生对现代文化的态度没有较大差异，这表明学生的文化心理可塑性很强。也有不少教师认为不同民族学生对现代文化的态度存在较大差异，通过访谈发现，问题的主要原因是小学阶段主要接受彝语教学的学生，在接受以汉语为主要传播媒介的现代文化方面存在语言障碍，实际上在其他非语言文化的接受方面并没有显著差异。

三、非本民族文化对学生的影响

调查结果表明：西南彝民族地区被调查的教师中，有 35％的教师认为其他文化对初中学生影响较大，同时也有 35％的教师认为其他文化对初中学生影响不大，有 17％的教师认为其他文化对初中学生影响一般，有 13％的教师认为其他文化对初中学生影响很大，没有教师认为无影响（如图 3.15 所示）。

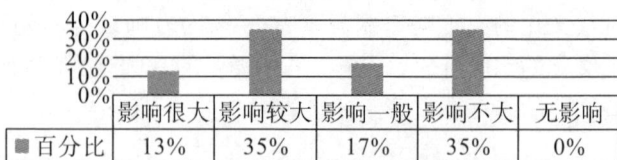

	影响很大	影响较大	影响一般	影响不大	无影响
百分比	13%	35%	17%	35%	0%

图 3.15 非本民族文化对学生的影响

从调查的情况可以看出：教师对此问题持有截然不同的看法。在与教师的交流与访谈中，我们发现原因在于教师的视角出现差异：一些教师关注其他文化对彝民族传统文化的影响，一些教师关注彝民族传统文化对其他文化的影响。显然，传统文化在当代文化交融的时代存在一定劣势，不仅彝族传统文化如此，汉族传统文化也同样面临这样的处境。总的说来，由于传统文化存在的社会基础迅速发生改变，传统文化中很多观念必然会发生改变，只是在这个过程中如何实现优秀传统文化价值观与现代文化价值观的合理融合，需要在研究过程中予以深入思考和探索。

四、学生接触其他文化的态度

被调查的教师中，有 47％的教师认为学生在接触其他文化时被动吸纳，有 44％的教师认为学生在接触其他文化时盲目跟从，有 5％的教师则认为学生在接触其他文化时盲目抵制，有 2％的教师则认为学生在接触其他文化时主动融合，还有 2％的教师选择其他（如图 3.16 所示）。

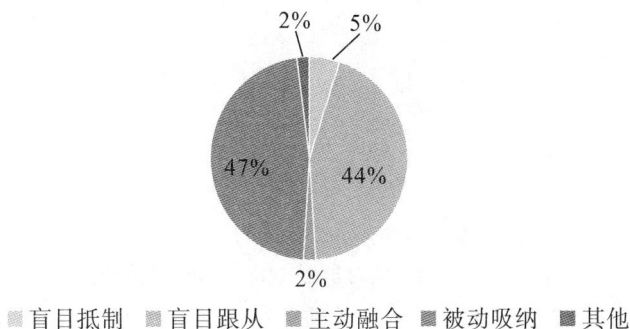

图 3.16　学生接触其他文化的态度

从调查情况可以看出：学生在接触其他文化时，绝大多数只是被动吸收或盲目跟从。一方面，可以看出学生的文化心理可塑性很强；另一方面，也看出学生缺乏自觉进行文化建构的意识和能力。因此，在生活作文中进行文化适应教育具有极为重要的价值。

第四节　语文教师在生活作文中进行文化适应教育的情况

一、生活作文对学生文化意识培育的价值

被调查的教师中，有 42% 的教师认为生活作文对学生文化意识培育有一定的作用，有 38% 的教师认为生活作文对学生文化意识培育非常重要，有 20% 的教师认为生活作文对学生文化意识培育比较重要（如图 3.17 所示）。

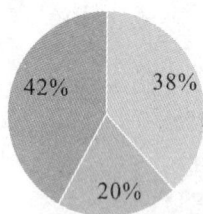

非常重要　比较重要　有一定作用

图 3.17　生活作文对学生文化意识培育的价值

从调查情况可以看出：彝民族地区初中语文教师普遍知道生活作文对学生文化精神建构的重要作用，认为有非常重要作用和比较重要作用的教师比例达到 58%。但我们也可以看到还有不少教师难以认识到生活作文对学生文化精神建构的重要作用，究其原因，是不少教师在教学中不知道生活作文为何能培育民族地区学生的文化精神，也有教师不清楚通过生活作文培育学生文化精神的路径与方法。

二、培育学生文化意识最关键的时期

被调查的教师中，有 38% 的教师认为培育学生文化意识最关键的时期是在初中阶段，有 26% 的教师认为培育学生文化意识最关键的时期是在高中阶段，有 24% 的教师认为培育学生文化意识最关键的时期是在小学阶段，有 10% 的教师认为培育学生文化意识最关键的时期是在大学阶段，有 2% 的教师认为培育学生文化意识最关键的时期是在学前阶段（如图 3.18 所示）。

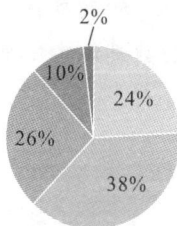

小学阶段　初中阶段　高中阶段
大学阶段　学前阶段

图 3.18　培育学生文化意识最关键的时期

多数教师认为，小学阶段培育学生的文化意识太早，学生可能理解不了，高中和大学阶段培育学生的文化意识又太晚，学生会不再关注，因此最好的时期是初中阶段。相对来说，初中阶段处于知识的积累期，是向高中过渡的时期，学习环境相对高中而言较轻松，学生对于文化的理解相对小学来说也深刻许多。而且，初中毕业之后学生将会分流，一部分学生就会离开学校走入社会，或进入中职学校学习。因此，初中阶段是培育彝民族地区学生中华文化共同体意识的关键时期。

三、作文教学中教师是否有意识培养学生文化反思的情况

被调查的教师中，有83％的教师在作文教学中有意识培养学生文化反思、对话和创新意识，但不到位；有6％的教师在作文教学中有意识培养学生文化反思、对话和创新意识，且明确地做了；有9％的教师未意识到在作文教学中培养学生文化反思、对话和创新意识，并且拒绝这样做；此外，还有2％的教师未意识到在作文教学中培养学生文化反思、对话和创新意识，且不知道怎样做（如图3.19所示）。

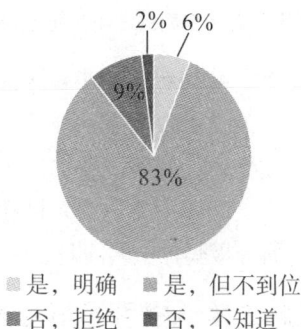

图3.19　教师是否有意识培养学生文化反思的情况

从调查情况可以发现：绝大部分教师虽然意识到要培养学生文

化反思和创新能力，但是做得很少或做得不好。在收集学生的作文中也发现，虽然一些教师引导学生写日常生活中的传统文化事件，但绝大多数学生只是停留在简单记录的层面，还不能理性反思与对话，教师也不能从文化认同的高度去思考如何培育学生的文化意识。

四、教师从文化角度关注学生记叙文写作的情况

被调查的教师中，有 42% 的教师在作文教学中不太从文化角度关注学生的记叙文写作，有 41% 的教师关注在作文教学中从文化角度开展记叙文写作，有 15% 的教师在作文教学中较为关注从文化角度开展记叙文写作，仅有 2% 的教师在作文教学中非常关注从文化角度开展记叙文写作（如图 3.20 所示）。

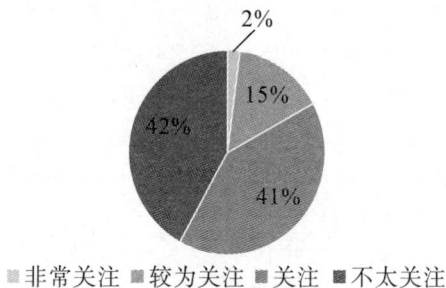

图 3.20　教师从文化角度关注学生记叙文写作的情况

从调查情况可以发现：教师较为关注和非常关注在作文教学中从文化角度开展记叙文写作的比例仅为 17%（2% 为非常关注），教师不太关注在作文教学中从文化角度开展记叙文写作的比例高达 42%。从这里发现在彝民族地区作文教学中文化育人目标的达成情况是非常糟糕的，侧面证明本课题研究极具价值的同时也极具挑战性。

五、教师在记叙文教学中引导学生关注文化生活事件的情况

被调查的教师中，有 89% 的教师在记叙文教学中引导学生关

注风俗民情，有 82％的教师引导学生关注节日庆典，有 69％的教师引导学生关注文物古迹，有 54％的教师引导学生关注传说和科技文化，有 36％的教师引导学生关注传统艺术，有 14％的教师引导学生关注法治文化，有 11％的教师引导学生关注商业文化，有 6％的教师引导学生关注宗教文化（如图 3.21 所示）。

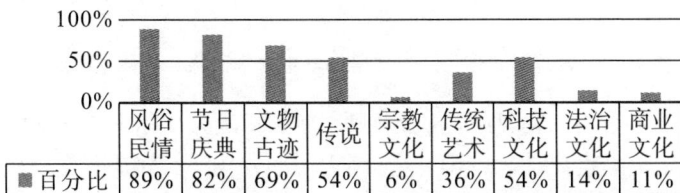

	风俗民情	节日庆典	文物古迹	传说	宗教文化	传统艺术	科技文化	法治文化	商业文化
■百分比	89%	82%	69%	54%	6%	36%	54%	14%	11%

图 3.21　教师在记叙文教学中引导学生关注文化生活事件的情况

从调查情况可发现：彝民族地区语文教师在教学中普遍关注的传统文化生活事件包括风俗民情（89％）、节日庆典（82％）、文物古迹（69％）、传说（54％）、传统艺术（36％），此外还普遍重视科技文化（54％），但是教师普遍忽视对日常生活影响巨大的商业文化和法治文化，将文化生活局限于传统文化。通过访谈也发现，大部分教师缺乏文化反思精神，把文化的范围仅仅局限于传统文化，难以发现蕴含在日常生活中的其他文化意义，更难以开展文化对话。

六、教师对文化生活作文培育学生中华民族共同体意识的看法

被调查的教师中，有 89％的教师认为文化生活作文能培育学生中华民族共同体意识，仅有 11％的教师认为文化生活作文不能培育学生中华民族共同体意识（如图 3.22 所示）。

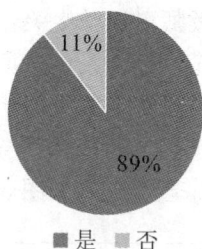

图 3.22　教师对文化生活作文培育学生中华民族共同体意识的看法

从调查可以发现：大部分教师（89％）认为文化生活作文能培育学生中华民族共同体意识，这是因为大部分教师都知道写作过程本身就是最有效的育人过程，如果开展文化生活作文写作就能够培育学生中华民族共同体意识。当然，少部分教师（11％）认为文化生活作文不能培育学生中华民族共同体意识，原因在于部分教师不理解文化生活作文的具体情况，仅将其局限于简单地写一些传统文化生活。

七、语文教师对增强学生文化认同教育的关注情况

被调查的教师中，62％的教师认为民族地区语文教学对增强学生文化认同不太关注，20％的教师认为民族地区语文教学对增强学生文化认同关注，14％的教师认为民族地区语文教学对增强学生文化认同较为关注，仅有 4％的教师认为民族地区语文教学对增强学生文化认同非常关注（如图 3.23 所示）。

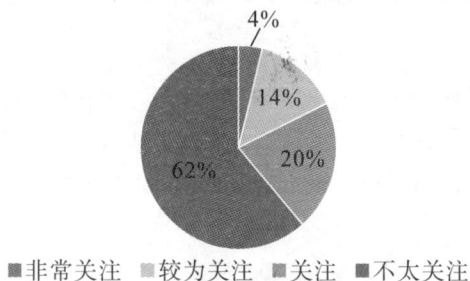

图 3.23　语文教师对增强学生文化认同教育的关注情况

文化生活作文在作文教学乃至整个语文教学中都有极为重要的价值。教师通过文化生活作文培育学生的文化传承意识，通过文化培育学生的中华民族共同体意识，让不同民族更加了解彼此，更加融合。少部分教师则认为，文化生活作文仅仅是在学习上为学生提供了写作的新思路，不能起到培育学生中华民族共同体意识的作用，则是忽略了学生在写作时的观察与反思。

八、民族地区是否将文化适应教育融入语文测试

被调查的教师中，有 74% 的教师认为目前在民族地区的作文考试中没有针对学生文化意识进行评价，但是应该将文化意识融入作文考试中；有 24% 的教师认为即使目前民族地区的作文考试中没有针对学生文化意识进行评价，也不应该将文化意识融入作文考试中；仅有 2% 的教师认为，目前在民族地区的作文考试中有针对学生文化意识进行评价，但是不应该将文化意识融入作文考试中（如图 3.24 所示）。

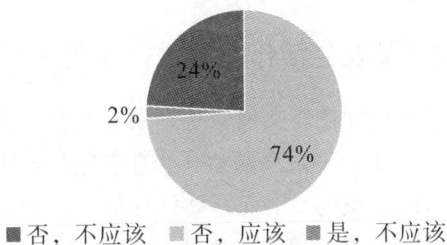

图 3.24　文化意识是否应纳入作文考试的基本情况

从调查结果可以发现：大部分教师认为当前的语文测试未将文化教育融入其中，绝大部分教师主张在作文考试中对文化育人进行评价。由此可见，在彝民族地区作文考试中纳入文化育人教育的测试是非常必要的。当然，这需要对作文教学评价方式（命题与评分）进行改革，比如：采用能够引导学生进行文化立意命题的形式，或者将文化立意作为中考作文的测评点。

九、语文教师对"社会主义核心价值观"的了解情况

被调查的教师中，有 33% 的教师对"社会主义核心价值观"主题词知道 10 个左右，有 30% 的教师对"社会主义核心价值观"主题词知道 4 个左右，有 20% 的教师对"社会主义核心价值观"主题词全知道，有 11% 的教师对"社会主义核心价值观"主题词知道 7 个左右，仅有 6% 的教师对"社会主义核心价值观"主题词知道 2 个左右（如图 3.25 所示）。

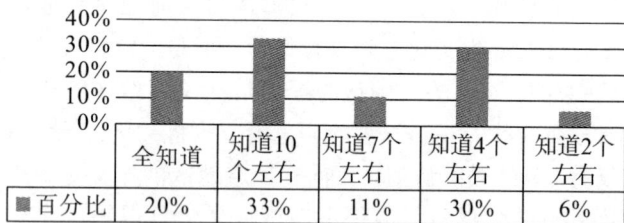

	全知道	知道10个左右	知道7个左右	知道4个左右	知道2个左右
■百分比	20%	33%	11%	30%	6%

图 3.25　教师对"社会主义核心价值观"的了解情况

十、语文教师在生活作文中进行文化育人的方法

为了充分了解教师在作文教学中开展文化教育的具体情况，我们在调研中最后设计了一系列题目："①您在作文教学中关注过培育学生的文化认同意识吗？②您是如何做的？③您认为生活作文教学如何才能促进民族地区学生文化认同意识的发展？"研究中我们特别关注那些认为自己关注"在生活作文中进行文化育人"的教师的回答，尽管答案各式各样，但主要有以下几种。

问题一：没有意识到在作文教学中进行文化认同教育，比如：针对问题①②③，有教师这样回答：

"①没有　②没有　③不太清楚"

问题二：不清楚什么是文化认同，比如：针对问题①②，有教师这样回答：

"①关注 ②写一些自己民族方面的传说小短文"

显然，这位教师认为自己关注过，从上面的材料可以看出：这位教师虽然认为自己在作文教学中关注过文化认同教育，但实际上他不理解文化认同的含义，仅仅关注过学生对传统文化的了解和认识，并不了解文化适应的含义，未真正关注过文化适应教育。

问题三：将文化认同局限于对不同民族的传统文化，同时缺乏文化反思与对话意识，比如：针对问题①②，有教师这样回答：

"主要在彝民族火把节前后会安排学生写一写游记或学生自己的认识。"

"让学生写一些与传统节日有关的作文，如中秋节、端午节、春节。收集民风民俗、谚语、童谣在班上交流。诵读经典，并把它贯穿在作文教学中。"

"引导学生注意观察最能代表彝民族文化的显性符号，如：崇拜偶像、禁忌事项、衣着服饰特点等。"

"收集自己本民族的神话传说、风俗来历等，复述故事情节或者再创作新的故事。"

显然，不少教师把文化适应教育仅仅局限于对传统文化的认识、理解，根本没有与学生的日常生活发生联系，也不是真正的文化生活作文训练。

问题四：教师不知如何在作文教学中进行文化认同教育，比如：针对问题③，有教师这样回答：

"尊重民族地区的文化差异，包容民族地区的文化多样性。承认少数民族文化价值。"

"我认为，生活作文教学，可以从以下几个方面促进民族地区学生文化认同：首先，在命题、审题中有意识提醒学生，民族文化的差异及各自的优越性。其次，引导学生注意观察最能代表彝民族文化的显性符号（如：崇拜偶像、禁忌事项、衣着服饰特点等）。再次，指导学生从中发现自己所欣赏或喜爱的内容。最后，通过此类过程的总结，形成自己的作文。"

在问卷调查的过程中，有一些教师已经了解文化适应、文化认同等概念的基本内涵，也知道可以通过生活作文教学培育学生文化认同意识。但是，大部分教师依然不能意识到文化认同教育必须与生活作文紧密联系，也难以提出具体可行的教学方法。

第五节　作文教学中培育初中生文化认同意识的主要问题及原因分析

一、"课程标准"写作教学目标设置与教学建议对文化适应的关注不到位

在彝民族地区实施的语文课程标准有《义务教育语文课程标准》和《全日制民族中小学汉语课程标准》。这两种课程标准对通过写作教学进行学生文化适应教育的关注不够也不到位。

（一）《义务教育语文课程标准》对写作教学文化育人的要求缺失

在 2011 年颁布的《义务教育语文课程标准》中明确指出："语文课程对继承和弘扬中华民族优秀文化传统和革命传统，增强民族文化认同感，增强民族凝聚力和创造力，具有不可替代的优势。"同时还明确指出语文课程的特点："语文课程丰富的人文内涵对学生精神世界的影响是广泛而深刻的，学生对语文材料的感受和理解又往往是多元的。因此，应该重视语文课程对学生思想情感所起的熏陶感染作用，注意课程内容的价值取向，要继承和发扬中华优秀文化传统和革命传统，体现社会主义核心价值体系的引领作用，突出中国特色社会主义共同理想，弘扬以爱国主义为核心的民族精神和以改革创新为核心的时代精神，树立社会主义荣辱观，培养良好思想道德风尚，同时也要尊重学生在语文学习过程中的独特体验。"

在课程总目标与内容部分指出："在语文学习过程中，培养爱

国主义、集体主义、社会主义思想道德和健康的审美情趣，发展个性，培养创新精神和合作精神，逐步形成积极的人生态度和正确的世界观、价值观。认识中华文化的丰厚博大，汲取民族文化智慧。关心当代文化生活，尊重多样文化，吸收人类优秀文化的营养，提高文化品位。"

由此可见，培养学生的文化素养是《义务教育语文课程标准》的核心目标和内容。在阅读教学中，古今中外的文学作品蕴含了丰富的文化内容，在阅读和把握作品思想的过程中学生自然就会接受文化教育。但是，在写作教学中，《义务教育语文课程标准》在设置学段目标与内容和提出课程实施建议时，都未关注写作教学的文化教育观念与目标。

学段目标：

观察周围世界，能不拘形式地写下自己的见闻、感受和想象，注意把自己觉得新奇有趣或印象最深、最受感动的内容写清楚。（小学3、4年级）

养成留心观察周围事物的习惯，有意识地丰富自己的见闻，珍视个人的独特感受，积累习作素材。（小学5、6年级）

写作要有真情实感，力求表达自己对自然、社会、人生的感受、体验和思考。多角度观察生活，发现生活的丰富多彩，能抓住事物的特征，有自己的感受和认识，表达力求有创意。（7—9年级）

实施建议：

在写作教学中，应注重培养学生观察、思考、表达和创造的能力。要求学生说真话、实话、心里话，不说假话、空话、套话，并且抵制抄袭行为。

实际上，写作在培育学生的文化意识，特别是在民族地区培育学生文化适应能力方面具有非常重要的、不可替代的功能。但是，《义务教育语文课程标准》中写作教学没有提出文化育人目标，更没有具体的方法，导致写作课程开发与写作课程教学都缺失文化这一重要角度，使语文课标文化育人目标的达成少了一条重要路径。

（二）《全日制民族中小学汉语课程标准》文化育人目标难以在写作中落实

2014年5月，教育部正式颁发了《民族中小学汉语课程标准（义务教育）》，第一次明确提出在汉语教学中加强中华民族"文化意识"渗透的理念，并明确了中小学各阶段文化教育的具体内容。[①]

表3.1　《全日制民族中小学汉语课程标准》中各阶段文化教育的具体内容

阶段	描述
第一到第三学段（一至六年级）	初步了解汉字演变的历史。 了解传统节日及习俗。 了解常见称谓。 了解一般性的敬语和谦语的用法。 了解学习中遇到的常见成语、惯用语的含义。
第四学段（七至九年级）	初步了解书法文化。 初步了解各地的主要饮食习惯。 了解现代交际礼仪。 了解学习中遇到的常见成语、惯用语、谚语和歇后语的含义和用法。 初步了解中华文化的丰富性。

从表3.1我们可以看出：课程标准非常重视民族地区学生中华文化意识的培育，特别重视汉语言中蕴含的丰富文化。但是，我们也发现，该课程标准在实施文化育人方面总体上还存在以下问题：

1. 教学目标的设置缺乏从文化适应的角度来思考汉语文课程与教学

虽然课程标准明确提出了不同阶段文化教育的目标和具体内容，但我们发现这些内容主要包括语言本身背后的文化意义（如汉字演变的历史、传统节日及习俗、常见称谓、一般性的敬语和谦语的用法、常见成语、惯用语的含义、书法文化），其次包括"主要

---

① 中华人民共和国教育部. 民族中小学汉语课程标准（义务教育）[S]. 北京：人民教育出版社，2014：5.

饮食习惯、了解现代交际礼仪"等。显然，这里侧重于文化知识的了解与学习，忽视了文化价值观层面的学习，更缺乏让学生对不同文化（特别是传统文化与现代文化）进行反思、对话、守正与创新的教育。当然，我们可以将这一目标在其他课程标准里进行，但问题在于其他课程标准在这方面也难以到位。

2. 在作文教学中未提出具体可行的教学方法和评价方式

课程标准指出："帮助学生形成正确的价值观和积极的人生态度，增强祖国意识和民族团结意识。这些应与汉语应用能力的培养、汉语学习习惯和方法的形成过程融为一体，不应把它们当作外在的附加任务。"但在具体的教学中教师往往会根据考试内容和评价标准展开教学。如果说在阅读教学中通过对文本的主题思想的理解能培育学生的文化意识，那么在阅读教学中不存在问题，因为在教学或汉语测试中，文本主题思想的理解是重要的内容。但是，在作文教学以及考试作文中却存在严重的缺失。

首先看看在写作教学目标中是如何体现文化内容的。由于《民族中小学汉语课程标准》是从语言知识、语言技能、文化意识、学习策略和情感态度五个方面设置阶段目标。因此，对写作教学目标的设置不多，与文化目标没有发生直接关联。比如初中阶段写作目标中与文化教育有关的目标，如表 3.2 所示。

表 3.2　初中阶段写作目标中与文化教育有关的目标

阶段	描述
第四学段（七至九年级）	能用汉语比较深入地讨论关于家庭、学校、社会和自然等方面的话题，表达自己的见解。
	能写主题比较明确、结构比较完整、内容比较清晰的记叙文。

课程目标中指出了"比较深入地"讨论关于家庭、学校、社会和自然等方面的话题，但问题在于往哪些方面深入，教师难以从文化适应的角度去引导学生深入思考，只能间接与文化适应发生一些可能性的联系。那么，这些内容在写作教学建议中是如何体现的呢？

在"语言技能"教学建议中指出："写作教学应贴近学生实际，让学生易于动笔，乐于表达；应引导学生关注现实，热爱生活，表达真情实感。"显然，这里也没有提出在写作教学中进行文化意识培养。那么，在"文化意识"教学建议中是否涉及通过写作来培养文化意识呢？

在"文化意识"教学建议中指出："适当提示隐含在汉语表达或行为举止背后的文化因素，使学生在各项教学活动中学会使用得体的交际方式方法；注意引导学生初步观察和分析汉语文化和民族语言文化的异同，促进学生汉语交际能力的提高。教师要引导学生积极了解中华优秀传统文化和现代社会文化的发展，帮助学生拓宽视野，了解世界各民族的优秀文化。使学生能通过优秀文化的积累和熏陶，更好地掌握和使用汉语，增强祖国意识和民族团结意识，理解和尊重人类多元文化。"显然，这里的说法非常笼统，缺乏具体的措施，更没有涉及在写作教学中如何培育学生文化意识的问题。

二、在课程实施方面的问题

课程实施是落实课程标准目标的关键。课程实施包括课程资源开发、课程教学以及课程教学评价等内容。调查发现：西南彝民族地区中小学在课程实施方面同样存在一些问题。

（一）教材开发的问题

统编教材难以很好地适应民族地区作文教学，地方教材开发、校本教材开发不足。

在调查的过程中发现，目前，彝民族地区各地学校普遍使用的语文教材都是人教版的《语文》，这套教材显然不能满足彝民族地区语文教学、特别是偏远地区学校的教学需要。关键原因在于统编教材在选文方面难以兼顾不同民族地区的文化。有不少学校和教师按照教材的编排进行教学，难以将丰富的地方文化资源有机融合到教学内容之中。

还有学校开设了初中《彝语文》，该教材主要由四川省教育厅、凉山州组织专家学者编写。教材的主要内容是反映彝文化（彝语言知识、彝文学），虽然对彝文化的传承有重要价值，但是教材编写缺乏文化认同视角，对彝民族传统文化与现代文化、彝文化与汉文化之间的对话与认同的关注不到位，以致一些一线教师认为彝语文教学弘扬彝族传统文化的途径是：①

（1）现代彝族中学生对彝族传统文化的了解现状的调查分析；

（2）充分挖掘与弘扬彝语文教材中所蕴含的彝族传统文化；

（3）品味和积累彝族语言文字、解读彝民族文化典籍的策略研究；

（4）彝族传统文化的收集、整理与研究；

（5）在新课标下弘扬本民族文化的策略、措施以及改革课堂教学模式的研究。

显然，从研究者的研究情况可以看出，一些彝语文教师出于对自己民族的热爱，对当前中小学的彝文化教育现状忧心如焚，但没有从文化适应对方的角度来思考如何进行传统文化的学习。因此，如果教师缺乏准确的文化适应教育观，很可能难以引导学生用科学理性的态度和方法对待自己的传统文化，也难以使传统文化得到传承、创新与发展。

实际上，进行传统文化教育，需要采用整合策略，不能厚此薄彼，一方面需要学生深入了解本民族优秀文化，特别是其中正确的价值观；另一方面还应将传统价值观与现代价值观进行对话与融合，不断去除文化糟粕，使本民族的优秀文化得到很好的传承与发展。

（二）教学方面存在的问题

在写作教学中开展文化适应教育，不仅需要教师具备文化适应

---

① 木帕什哈. 彝语文教学中弘扬彝族传统文化的途径研究结题报告［EB/OL］.（2014-8-16）. http：//www. docin. com/p-893846686. html.

教育的意识，还需要具备在作文教学中实施文化育人的能力，并能针对学生具体情况展开作文教学活动。在调研中发现目前还存在一定问题。

1. 教师缺乏在作文教学中实施文化适应教育的能力

通过调查发现不少教师都意识到文化育人具有重要的价值，但是在作文教学中如何进行文化适应教育，很多教师却难以提出有效的方法。一些教师能够从文化意义明显的生活事件中发现价值，但是难以从日常生活中发现较为隐含的文化观念，而且作文教学本身较为复杂，教师要在作文教学中将进行文化意识培育需要与作文升学考试结合起来，显然会增加教学难度。

2. 学生作文基础差

彝民族地区学校类型多，一些民族中学的学生写作基础很差，很多学生进入中学时根本不会写记叙文，比如要求学生以《端午节》为题写一篇记叙文，很多学生只会简单写几句过端午节的情况，然后就开始讲端午节的由来。而且，类似作文很多，很少有学生能够把过端午节的经过清清楚楚地写出来。还有学生就是记流水账，把端午节发生的事情极为简略地复述一遍。虽然这些作文中有具备价值的写点，但是学生却意识不到，也难以具体地表现出来。

因此，在此基础上开展文化生活作文，一方面要求学生能写出具体而充实的作文；另一方面还要学生写出有文化深度的作文，的的确确存在很大的难度。在研究中不能够仅仅着眼于文化适用教育，还需要将文化适应教育与传统的生活作文教学有机结合起来。

（三）教学评价方面的问题

1. 语文课程教学测试

从某种意义上说，不少教师不是根据课程标准进行教学，而是根据考试内容开展教学的。因此，在学生毕业升学考试中，能否体现文化适应教育是决定教师是否开展文化适应教育的关键。但我们对云南、贵州、四川一些彝民族地区中考作文及作文评价标准进行研究后发现：目前，彝民族地区初中升学考试未从文化适应角度进行，难以促进教师从文化适应的角度开展作文教学，不利于学生文化认同意识的形成。

从 2015 年、2016 年云南省楚雄彝族自治州、四川省凉山彝族自治州两地中考作文中，我们就可以发现不少问题。

2015 年云南省楚雄彝族自治州中考作文：

十五六岁的我们正值人生的花季，一路走来，有许多的人、事、物、景、情，值得我们回味、思索、感动……

请以"走在花季"为题，写一篇作文。

要求：

（1）立意自定，文体自选（诗歌除外）。

（2）说真话，抒真情，忌抄袭。

（3）文中不要使用真实的地名、校名、人名。

（4）书写工整，不少于 600 字。

2015 年四川省凉山彝族自治州中考作文：

（1）题目：＿＿＿＿＿＿＿，我心中的阳光。

要求：①将题目补充完整。②立意自定，文体自选（诗歌除外）。③内容具体，有真情实感。④字数不少于 600 字。⑤不得抄袭、套作。⑥文中不得出现真实的人名、校名、地名。

（2）阅读下面的材料，按要求作文。

人生应时时充满期待，正如小草期待发芽，鹰隼期待飞翔。期待，给人以憧憬，给人以希冀，给人以慰藉。你，期待什么？是和平、文明、民主、富强；是一次精彩的亮相，一次个性的张扬，一次肆意的放松，一次成功后的狂放；抑或是他人的宽容、信任、喝彩，是一个人，一次游历，一场欢聚；是花开，是彩虹飞，是泉水叮咚……

要求：以"期待"为话题，写一篇 600 字至 800 字的文章。题目自拟，文体自选（诗歌除外）。不得抄袭、套作。文中不得出现真实的人名、校名、地名。

2016 年云南省楚雄彝族自治州中考作文：

请以"＿＿＿＿＿＿无价"为题，写一篇作文。

要求：

（1）先把题目补充完整，然后作文。

（2）立意自定，文体自选（诗歌除外）。

（3）说真话，抒真情，忌抄袭。

（4）文中不要使用真实的地名、校名、人名。

（5）书写工整，不少于600字。

2016年四川省凉山彝族自治州中考作文：

（1）题目：学会＿＿＿＿＿＿，不要抱怨。

要求：①将题目补充完整。②立意自定，文体自选（诗歌除外）。③内容具体，有真情实感。④字数不少于600字。⑤不得抄袭、套作。⑥文中不得出现你所在学校的校名，以及教职工、同学及本人的真实姓名。

（2）阅读下面文字，按要求作文。

我们常问，幸福是什么？幸福在哪里，周国平在他的一篇文章中写道："幸福喜欢捉迷藏，我们年轻时，它躲藏在未来，引诱我们前去找寻它，曾几何时，我们发现自己已经将它错过，于是回过头来，又在记忆中找寻它。"其实，幸福就在我们生活中的点点滴滴。那么，我们又该怎样在生活中去发现、感受、珍惜幸福呢？

要求：以"幸福"为话题，写一篇不少于600字的文章。立意自定，题目自拟，可以记叙经历，发表议论，抒写感受，有真情实感，文体不限（诗歌除外），不得抄袭、套作，文中不得出现你所在的学校的校名，以及教职工、同学及本人的真实姓名。

从近两年云南省楚雄彝族自治州和四川省凉山彝族自治州中考作文考试的题目和命题意图来看，彝族地区与其他地区语文作文命题方式和命题目的并没有明显差异，也难以对其中有意识进行文化适应教育的情况进行考查，这就意味着中考作文教学难以体现语文课程标准的文化育人的观念，难以引导教师在作文教学中关注文化适应教育的重要价值。

两地中考作文评分标准如表 3.3 所示。作文评分标准对中小学语文教学的影响也非常明显，许多教师往往会根据得分点训练学生作文。

表 3.3 云南省楚雄彝族自治州中考语文作文评分标准

类别\项目	一类 (50—45 分)	二类 (44—38 分)	三类 (37—30 分)	四类 (29—22 分)	五类 (21—0 分)
A	切合题意 中心突出 内容充实 思想感情 真切	符合题意 中心明确 内容具体 思想感情 真实	基本符合题意 中心尚明确 内容尚具体 思想感情 尚真实	偏离题意 中心不明确 内容不具体	严重偏题 不知所云
B	准确，有文采	得体，通畅	通畅	基本通畅	文句不通
C	结构合理 详略得当	结构合理 详略明显	结构较合理 详略不明显	结构尚清楚 能分段	结构混乱
评分细则	①立意深，构思巧，语言生动形象得满分。②具备本类 ABC 三项条件的评 49—47 分。③本类 ABC 某项较弱，评 46—45 分。本类基准分 45 分。	①具备本类 ABC 三项条件的评 44—41 分。②本类 ABC 某项较弱，评 40—38 分。本类基准分 38 分。	①具备本类 ABC 三项条件的评 37—34 分。②本类 ABC 某项较弱，评 33—30 分。本类基准分 30 分。	①具备本类 ABC 三项条件的评 29—26 分。②本类 ABC 某项较弱，评 25—22 分。本类基准分 22 分。	此类作文在 21—0 分之间酌情给分。

注：①书写工整、美观，酌情加 1—3 分；字迹潦草，难以辨认，酌情扣 1—3 分。②错别字 3 个扣 1 分，重现不记，最多扣 3 分。③字数不足酌情扣分。④缺标题扣 2 分。

从云南省楚雄彝族自治州中考作文评分标准可以发现：评分标

准对作文思想内容的关注点是中心突出，内容充实，思想感情真切。这些要求中的前两项只是一些外在要求，并未涉及对具体内容的要求，最后一项虽然是对内容进行要求，但也仅仅是对内容的基本特点的要求。在评分细则里面，虽然提出了"立意深刻"的要求，与文化适应很可能发生关联，但却把这一指标仅仅作为满分作文的标准，让不少师生望而生畏，实际上立意深刻只是相对的，学生的立意能在小学阶段的基础上发生变化，就可以看作立意深刻。否则，很可能导致不少学生小学写父母的主题就是爱（关心我），生病送我去医院，中学阶段还是爱（关心我），只不过是在生活上、学习上关心我。学生作文的内容丰富了，但是主题却未发生变化，也就意味着对父母的理解也没有发生多少变化，学生的写作立意思维能力也未得到较大提升。

表3.4　四川省凉山彝族自治州中考语文作文评分标准

	一等 （50—36分）	二等 （35—25分）	三等 （24—15分）	四等 （14—0分）
基础等级分	切合题意 中心突出 内容充实 感情真挚 结构严谨 语言流畅 字迹工整 符合文体要求 标点符号使用规范	符合题意 中心明确 内容较充实 感情真实 结构完整 语言通畅 字迹清楚 大体符合文体要求 标点符号使用较为规范	基本符合题意 中心基本明确 内容不够充实 感情基本真实 结构基本完整 语言基本通顺 字迹潦草 基本符合文体要求 标点符号使用不够规范	偏离题意 中心不明或立意不当 内容单薄 感情虚假 结构混乱 语病多 字迹难辨 不符合文体要求 标点符号使用不规范

发展等级分	能在下列四个方面的任何一个方面做得较为突出即可评分			
	较深刻	较丰富	较有文采	有创新
	能透过现象深入本质 能揭示问题产生的原因	材料较丰富 形象较丰满 意蕴较丰厚	词语生动 句式灵活 善于运用修辞方法	见解新颖，材料新鲜，构思精巧 联想和想象较为独特 表达有一定个性

从四川省凉山彝族自治州中考作文评分标准可以发现：评分标准对作文思想内容的关注点同样是中心突出、内容充实、思想感情真切。同时，在发展等级里强调作文的深刻性，而文化生活作文恰是一种深度写作，显然这一评分标准有利于教师开展文化生活作文教学，但如果未明确提出作文要反映文化价值观，也容易导致教师在教学中忽视引导学生从文化角度思考日常生活。因此，相对而言，凉山地区的作文评分标准显然更有助于通过作文教学评价促进文化适应教育。

2. 彝语文教学测试

初中升学考试是由地方教育部门组织命题的考试，语文科目包括语文（所有模式都会考语文数学）和（一类模式）彝语文（占100分），加试彝语文（占50分）。彝语文考试作文试题也与普通语文作文在难度上有一定差异，但在其他方面的差别不大。下面就是凉山××县××年级的语文期末作文考试题目：

（1）写一封信。

（2）我爱秋天。

（3）我心目中的_____。

从这些作文题目可看出：一些彝族地区作文命题与内地学校作文命题没有任何差异，命题者显然没有任何文化认同意识，当然也就难以通过作文对学生进行文化适应教育。

彝语文作文评价标准也存在同样的问题。表3.5中为2014年凉山彝族自治州中考彝语文作文评分标准。

表 3.5　凉山彝族自治州中考彝语文作文评分标准

一等 （40—32 分）	符合题意，中心突出，层次清楚，语句通顺，有真情实感，结构完整，字体美观，错别字很少，字数达到要求。
二等 （31—24 分）	符合题意，中心明确，层次较清楚，语句较通顺，有真情实感，结构完整，字体端正，错别字少，字数基本达到要求。
三等 （23—16 分）	较符合题意，有中心，有层次，语句欠通顺，结构较完整，字迹清楚，错别字较多，字数未达到要求。
四等 （15—5 分）	无中心，层次不清楚，语句不通顺，结不完整，字迹潦草不清楚，错别字很多，字数离要求很远。
说明	凡动笔写正文者给 4 分，有正文没题目扣 3 分。

同样，从作文评分标准也可看出：命题者没有自觉把文化认同作为评分参照点，这样会直接导致教师忽视生活作文的文化适应教育功能。

3. 中国少数民族汉语水平等级考试（MHK）

MHK 命题规范与科学，能有效测试民族地区中小学学生汉语运用能力，因此，凉山彝民族地区一类模式学校都在开展"中国少数民族汉语水平等级考试（MHK）"，以评价学校汉语言课程教学和学生汉语水平。不过，一般是高中学生参加国家统一命题的少数民族汉语水平等级考试，初中学生不参与汉语水平等级考试，但 MHK 会影响一类模式学校初中语文教学。MHK 考核是基于把汉语作为第二语言的认识进行设计的，其测试的重点在于语言的应用，尽管《民族中小学汉语课程标准》强调了文化意识的培育，但至少在作文教学及其评价中是难以体现出来。因此，MHK 对语文教学的文化意识培育难以发挥促进作用。

第六节 民族地区开展文化生活作文教学的对策与建议

一、针对彝民族地区实际制订"民族地区义务教育课程标准实施方案"

(一) 在写作教学目标和评价方面加强文化认同教育

根据国家课程标准专门制定彝民族地区《〈义务教育语文课程标准〉实施方案》，针对彝民族地区的实际情况，强调文化认同教育应该作为语文课程与教学实施的主线之一，把文化认同素养作为彝民族地区学生的核心素养。不仅在阅读教学而且在写作教学中都要明确提出文化适应教育的目标和内容，并在中考测试中纳入文化育人教育。这样，能让《义务教育语文课程标准》在民族地区更好地发挥对语文教育教学的规范与引领作用。

在写作教学目标设置方面，不仅要引导学生关注生活，更要引导学生从文化的角度思考生活，借助学校不同学科课程的丰富文化资源，发现日常生活蕴含的价值观，并以社会主义核心价值观为参照，引导学生进行文化反思、批判、传承和创新。同时，需提出具体的作文教学实施建议并制订作文教学评价方案，便于一线教师操作。

(二) 整合《义务教育语文课程标准》与《全日制民族中小学汉语课程标准》《全日制义务教育二类模式彝语文课程标准》目标

整合不同课程标准文化育人的目标，加强《义务教育语文课程标准》与《全日制民族中小学汉语课程标准》《全日制义务教育二类模式彝语文课程标准》在文化育人方面的协调性，统筹不同课程文化育人的不同功能，避免顾此失彼，或简单重复。比如，在普通模式学校中，语文教学是根据《义务教育语文课程标准》进行的，但该课标对文化意识的培育不如《全日制民族中小学汉语课程标准》清晰明确，在作文教学目标、内容、教学建议与评价方面都缺乏文化适应教育意识。《全日制民族中小学汉语课程标准》不仅明确提出文化育人目标，并将"文化意识"作为课程目标的一个维度，但遗憾的是，在写作教学如何达成文化意识的培育方面，该课程标准却没有明确阐述，这样会导致写作教学对于提高"文化意识"独到功能难以发挥，从而影响课程的"文化意识"目标的落实与达成。

（三）结合文化育人目标设计初中作文教学内容

文化生活作文教学不仅需要学生关注其熟悉的日常生活，还需要关注社会生活，并思考生活事件背后隐含的文化价值观。课标中对学生作文内容缺乏具体要求，仅仅要求写生活，导致教师难以引导学生观察与选取社会生活，导致学生作文选材范围狭隘。为此，可以在《〈义务教育语文课程标准〉实施方案》中对写作内容提出具体要求。笔者根据自己在研究中发现的问题，在此提出了彝民族地区初中作文教学内容的大致框架，仅供读者参考。

表 3.6　彝民族地区初中生活作文教学内容设置

学段	写作内容	写作技能	语言
初一	家庭生活、学校生活、人际交往、节日事件、婚丧嫁娶、故事传说、名胜古迹游览	有中心 具体叙事（详略）	准确 常见词汇、基本句型
初二	科技生活、法制生活、经济生活	中心鲜明 生动叙事（修辞技巧）	具体 文学词汇，复杂句，修辞句
初三	传统文化与现代文化对话	巧妙叙事（倒叙、对比、并置、托物言志）	形象 对偶句，长短句

设置的这些内容，可以在学生日记和作文专题教学中共同实施，保证学生能全面了解自己的生活世界，在对日常生活的文化反思中实现文化精神的自觉建构。在教学中教师可根据学生的不同情况调整目标，比如写作基础好的同学，在表达技巧和语言方面就可以从下一个阶段开始。

二、改进民族地区作文教学评价标准

当前，学校与教师都面临升学考试的压力，因此，实现文化育人目标的关键因素就在于作文教学的评价。从目前彝民族地区中考作文评价标准来看，基本上忽视了对文化意识这一关键要素的评价。在作文教学中对文化教育进行评价具有非常重要的意义，因为这要求教师引导学生关注自己的日常生活，发现日常生活中隐含的各种文化意义，在对文化的反思、对话的过程中建构学生的文化精神世界。

把文化适应教育融入作文评价标准，主要可以从作文命题和作文评价两个方面进行。首先，在中考作文中可以通过命题写作提示，或材料导向来引导学生关注生活事件的文化意义。其次，可以在作文评价中将思想性、深刻性作为作文发展等级评分的评分点，而此评分点可以再进一步明确，并将真实表现人物的文化意识或文化心理作为一个评分参照点。

三、系统进行文化生活作文教学改革

文化生活作文教学虽然关注题材与主题，但是主题确立与表达需要语言、思维、结构、写作方法等方面的配合。因此，仅仅进行选材与立意教学难以支撑文化生活作文教学。课题组在调研的基础上，基于系统进行文化生活作文教学改革的思想，提出了文化生活作文教学实施的基本原则。

（一）整体推进原则

作文具有综合性，学生作文涉及语言、思维、思想情感、写作方法、写作动机等要素。文化生活作文的核心目标是让学生进行文化立意，需要学生有一定的逻辑思维能力。文化立意之后还需要学生能写出语言通顺、中心明确、内容具体的生活作文，否则文化生活作文是难以推行的，而且也难以发挥其应有的价值。

（二）分合并行原则

文化生活作文教学不仅是一个系统工程，也是一个周期很长的过程。一方面，需要在教学中按照一定秩序开展作文综合训练，使学生能逐渐学会文化生活作文的选材、立意、组织结构、语言表达；另一方面，需要进行专项作文教学，通过日记写作、专题阅读、专题微写作、读写迁移等，解决学生作文中普遍存在的短期难以解决的问题。

（三）有序性原则

从文化适应的角度建立文化生活作文教学体系，显然不同于统编教材的秩序。一方面，可借鉴教材安排的能力训练点展开作文训练；另一方面，需要基于学生文化认同心理形成过程设计教学内容。比如，初一阶段主要让学生关注日常生活中文化意义显著的生活事件，初二阶段则是关注文化意义不明显的日常生活事件和社会生活事件。

（四）文化性原则

文化生活作文关注学生文化认同意识的培育：首先，需要学生能在日常生活事件中发现文化意义；其次，需要引导学生进行文化立意，在书写学生熟悉的生活世界的过程中，不断反思与对话，逐渐形成正确的健康的文化心理；最后，需要学生在语言表达上理解语言形式的文化意义，并能够使用传统的语言表达方式。

因此，文化生活作文教学不仅需要引导学生关注现实生活，还要具有一定的思辨能力来发现生活事件的文化意义，同时还要生动具体地表现中心。文化生活作文教学改革首先需要从选材、立意、语言、写作方法等维度进行，才能实现生活作文教学文化适应教育的目标。其次，文化生活作文教学需要针对学生的写作水平建立三年的系统训练目标（如表 3.7 所示），逐步进行。

表 3.7　文化生活作文系统训练目标

学段	内容	思维	语言	写作方法	基本目标
初一	家庭生活 社区/乡村生活 校园生活 节日生活	想象 分析与综合 文化立意	汉语常见句型 词汇	鲜明化（重复） 具体化（展开）	中心明确 选材丰富 语言准确 具体
初二	日常生活 经济生活 法治生活 科技生活	想象 分析与综合 文化反思 文化立意	词汇 主题句	生动化（想象与修辞）	主题深刻 语言生动
初三	传统与科技 传统与法制 传统与经济	文化对话（渗透核心价值观）	主题句 对偶句 比喻句	艺术化（对比、托物言志、借景抒情）	主题深刻 方法有效 语言适当
教学方法	写作观察 文化观察 比较观察 阅读笔记	先说后写 先讨论后写 先思考后写	读书摘要 佳句赏析 佳句仿写 读写结合	分项训练	片段写作 课内迁移 训练序列（行文） 案例分析（修改）

另外，还需要关注作文教学全程，特别是要重视写作前（积累）、写作后（修改提升）的教学价值，并将学生作文的全过程纳入作文教学评价之中。

四、提高语文教师在教学中进行文化育人的能力

首先，需要语文教师意识到文化生活作文在学生文化适应教育中具有独到的重要价值。在调查中发现，在彝民族地区有部分教师并未在作文教学中有意识的进行文化适应教育，究其原因是未意识

到文化适应教育的重要价值，更未意识到可以通过作文教学来进行文化适应教育。实际上，文化生活作文教学在进行文化适应教育方面有不可取代的价值和功能，因为学生进行文化生活作文首先需要对日常生活世界蕴含的文化进行反思与批判，而文化价值观的认同只有回归日常生活才是真正意义上的文化认同。因此，需要彝民族地区语文教师能够意识到学生文化意识培育不仅是课程标准的要求，也是文化生活作文教学的重要功能。

其次，需要提高教师教学资源开发能力。文化生活作文教学的主要资源是生活而不是教材。虽然教材专门设计了一些写作教学活动，但主要是围绕写作知识进行的。比如，人教版七年级语文上册作文教学活动设计（见表3.8）。

表 3.8　人教版七年级语文上册第一单元作文教学设计

写作内容	实践指导	知识点
景物观察	抓住印象深刻的观察对象来写	写印象深刻的事物
人物观察	叙写独特的情景和对话，表现相识瞬间的情感反应或心理变化 注意记叙的回忆视角，写清时间、地点和人物，可以补叙以后的交往	场景描写 对话描写 心理描写
家庭生活	选真实材料，不套话假话；模仿《秋天的怀念》或《荷叶母亲》	不明确

在彝民族地区刚上初中的学生，不少学生不会写记叙文，以上教学实践指导是不适合很多学生的实际情况的，教师不能按照上面的要求和方法进行教学，需要根据教材的编排，结合学生实际情况重新设计教学目标。更何况，在人教版初中语文作文训练中，并未从文化适应的角度考虑作文教学的设计。

彝民族地区刚上初中的学生，不少是从彝族聚居区进入彝汉混居区域，对新的文化环境的感受非常强烈，有好奇、有困惑，教师完全可以设计以下叙事类作文训练。

表 3.9　针对彝民族地区新入学初中生的作文训练

写作内容	实践指导	知识点	目标
叙事	进入初中，在新环境中，遇到新同学、新老师，你们之间一定发生过开心的事情，或者产生过误会、矛盾，想想看为什么会发生这些事情	写印象深刻的事	渗透文化适应教育
	写清事情发生的时间、地点、人物、起因、经过、结果	记叙文六要素	运用写作知识
	写清楚人物怎样说、说什么；人物做什么、怎样做	具体描写	运用写作知识

显然，表 3.9 的教学设计能够解决彝民族不少偏远地区初一学生不会写记叙文的问题，而且能有意识地在作文教学中进行文化育人教育。因此，提高彝民族地区学校语文教师基于统编语文教材进行教学资源开发与设计的能力具有深远的影响。

第四章 文化适应视域中文化生活作文教学模式建构

在民族地区开展文化生活作文教学，根本目的就是让学生在写作文过程中继承优秀的传统文化，积极吸收现代文化，最终形成稳定的健康的文化心理。当然，要了解民族地区学生文化适应的基本规律，遵循作文教学基本理论，才能建构高效的作文教学模式，从而通过作文教学解决新课程标准中提出的问题。

第一节 建构文化生活作文教学模式的理论基础

本书尝试从文化适应的角度构建文化生活作文教学模式，因此需要从不同理论角度认清文化生活的特点和规律。本研究主要涉及文化适应理论、生活作文写作理论、作文立意理论三种理论。文化适应理论属于文化学范畴，后两者属于写作学范畴。因此，研究需要厘清三种理论的基本内涵，认清民族地区学生文化适应的发生过程和心理机制，深入了解文化生活作文写作的本质及其基本规律，才能够最终在它们之间建立内在的有机联系。

一、国外对文化适应理论的研究[①]

文化适应（acculturation）是西方文化研究理论的重要内容。

---

① 这部分内容主要参考了 Ranim Hallab（2009）等研究者的学位论文。

文化适应被普遍定义为：一组人中的个体面对另外一组不同文化价值观和背景的人时，在态度、价值观和行为方面发生的变化（Conway Dato-on，2000）。文化适应也可以定义为：在持续接触吸收新文化时并保留原文化的过程，个体适应新的或不同的文化环境的互动变化的过程。文化适应可以在集体层面发生，包括社会结构、社会环境、政治组织、经济基础的变化。文化适应也可以在个体层面上发生，包括个体行为、价值观、态度、身份认同等变化。不过，当前文化适应理论研究主要关注个体层面。

（一）文化适应模型

很多西方文化理论研究学者对文化适应的模式进行深入研究。对文化适应过程基本特征的看法有两种观点：一是认为文化适应是一种零和博弈过程，适应一种文化需要放弃原来的文化认同，如果抗拒接受新的更高形态的文化，就会带来心理疾病、仇视、攻击等消极后果（Gudykunst 与 Kim，2003）；二是认为文化适应是一种成长过程，不是放弃原来的文化，而是学习新语言、新文化技能的过程（Eric M. Kramer，2011，2012）。

Szapocznik，Kurtines，Fernandez 在反对早期的文化适应单维模式基础上首先提出了双维模式。该模式的中心包括新文化和本土民族文化，文化适应发生在连续体之上。该连续体一端是移民完全反对美国的东道国文化而保留自己的本族文化；另外一端是放弃本族文化而彻底吸纳美国的主流文化。他们提出的模式初步揭示了文化适应的基本过程，但是，文化适应存在多种具体的方式，该模式显然难以对其中的具体情况予以解释。

Mendoza 与 Martinez（1981）合并了双文化主义模式，提出了一种度量模式（a measurement model）。他们把文化适应分为四种潜在模式或四种情形：文化合并（cultural incorporation），文化转换（cultural transmutation），文化抵制（cultural resistance）和文化转变（cultural transformation）。文化合并指既适应原地文化又适应东道文化；文化转换是指可以在原地文化与东道文化之间进行交替；文化抵制是指反对东道文化而保留原地文化；文化转变是指东道主文化代替原地文化。该模式对双维模式进行了拓展，在两极之间增加了文化转换与文化合并两种形式。

Berry（1997）提出了使用最为广泛的文化适应模式。Berry 认为在文化适用的过程中可能存在四种文化适应策略：同化、分离、整合与边缘化。同化策略是指认同新社会的文化价值观与行为，分离策略是指保留本土文化（native culture）而反对新文化，边缘策略是指个体既不保留原地文化，也不吸纳新的东道国文化，整合策略是指在保持本土文化的同时，认同吸纳新文化的价值观与行为。他的研究还表明整合策略是文化适用最为普通的方法，也是导致最积极结果和更高水平运行的方法。

Bouhris 等人（1997）提出了互动文化适应模式。研究者认为 Berry 模式的四种策略存在局限，不能解释接受社会成员的文化适应态度，于是对其模式进行了拓展，提出了五种文化适应策略。这五种策略分别是：整合、同化、分离、混乱（anomie）与个性化。混乱是指个体在文化适应的过程中，既认同原地文化又认同新文化，结果产生疏离感与心理困顿。个性化是指个体为了达成其目标而选择不认同任何文化的观点，并认为自己是个人主义。文化互动模式把文化适应的过程看作是移入者与原住民的文化诉求与文化观念之间一种动态的和互动的过程。该模式更为全面地解释了移民与原住民之间的可能性联系，以及移民群体其自身文化适应的过程。

Navas 等人（2005）提出了文化相对适应的扩展模式（the Relative Acculturation Extend Model）。该模式考虑了文化适应发生的公共领域和私人领域，在文化适应中移民会对宗教信仰、价值与规则、社会关系、亲属、经济、工作、政治与政府等七个主要领域进行评价，然后采取相对应的文化适应策略。这表明移民在文化适应的过程中没有必要采取一种单一的策略，而是根据环境采取两种甚至更多的策略。

从以上对文化适应模式的研究可以看出：双线性模式已经成为

当前文化适应的主流模式，学界对文化适应两极（放弃原文化吸纳新文化与保持原文化抵制新文化）之间的各种情形进行了深入研究，进一步厘清了文化认同过程中的种种策略，并从文化认同中的不同文化适应主体（移民与原住民）和文化认同环境等方面对文化认同进行了深入研究，使我们进一步认知到文化认同的复杂性与灵活性。而且，还可以看出：这些文化适应模式的研究，很少考虑到文化濡化（enculturation），更多的是关注主流文化，忽视本土文化在文化适应中的作用。

（二）文化适应压力

Williams 与 Berry（1991）认为文化适应压力（acculturative Stress）是在适应一种新的或不同的文化时产生的一种压力，是移民为了解决本土文化与东道国文化之间的矛盾而导致的不适心理反应。不仅个人会遭遇文化适应压力，家庭也会遭遇。在预计要离别以及安置于新的国家之际，以及发生难以预测的生活事件或者分散的亲人重聚的时候，移民都会产生文化适应压力。

早期的研究认为文化适应压力是文化接触过程中不可避免的现象，当前研究认为个人的文化适应压力受东道国的多元文化、文化适应态度以及文化适应阶段等因素的影响。Williams 与 Berry（1991）认为文化适应压力取决于多重群（multiple group）与影响过程的个体特点。个体参与文化适应的程度不同，产生的文化压力水平也不同。

文化适应压力可能由于一些因素的影响而减小。文化适应模式就是其中之一。Dona 与 Berry（2001）的研究表明：与其他模式（同化、分离、边缘化）相比，文化整合模式会出现更小的文化压力。另一个因素是个体的文化适应阶段（接触、冲突、危机或适应）。其他因素还有文化适应群体的特点（比如社会支持、地位、年龄）等。

文化适应压力主要来源于家庭、社会和自我观念。新移民家庭会面临文化观念、语言使用、食物选择、文化与宗教习俗的维护等方面的压力，不过，移民家庭的儿童和青少年在学校接触多元文化，能够适应东道国的一系列规则。尽管如此，他们还是要面临文化适应的压力。父母一方面希望孩子能够适应这些规则并取得好的学业或社会成就；另一方面反对主流文化中与家庭规则不一致的地方。当青少年为了吸收新的文化而疏远自己的本族文化认同与价值观，就很可能面临来自父母与同伴的压力，可能被认为是文化破坏者。缺乏来自父母的支持，会促使青少年从其他渠道寻求支持或从事不良活动。比如，有研究表明（Thmas and Choi）：韩国和印度青少年最大的压力是他们的父母把他们与其他处于同一文化环境中的同龄人进行比较。此外，移民家庭的儿童能够更容易接触新文化，更快习得语言，能够利用主流媒介学习文化，作为父母及其他成员与所处的新文化环境之间的联络人，会帮父母承担更多责任，比如在教育、财务、法律方面的事务或决定。

文化适应压力还与很多其他因素有关。一方面，民族认同、自尊与自我效能感、社会支持等因素能够减小文化适应压力；另一方面，缺乏选择机会、被歧视感、普通生活压力会增加文化适应的压力。

文化适应压力过大会带来许多消极的后果，文化的不匹配还会导致消极的心理后果。个体转变价值观有助于接受在文化环境中被认为是不适合的行为，但一些重要成员比如家庭成员或同伴，可能认为这些行为具有冒犯性而被激怒，进而造成一些相关冲突或社会问题而影响个体的精神健康。文化不匹配还会导致一个年轻人与其支持系统缺乏联系，由于语言相异，父母、教师与孩子们之间难以沟通，父母难以监控孩子们的行踪，学校也对孩子的管理和学业成绩让步。

本土文化在减小文化适应压力方面发挥着重要作用。相关研究已经证实：与移民、少数民族本土或本族相关的文化能明显发挥积极影响，有助于产生有利的心理结果。Winderowd（2008）的研究报告称：对于美国的印度裔来说，与本土文化高度关联明显伴随多重保护性因素，包括不断增加的灵活性与亲社会行为，不断减少的药物滥用与自杀倾向。但是，Gonzalez（2004），Mok 与 Morris（2009）等研究发现：当本土文化与新文化不匹配的时候，正处于文化适应或文化濡化的年轻人必须在变化的环境中做出决定，从而产生内部冲突，这种冲突可能会让移民家庭的孩子对自我概念、认同形成以及精神健康产生消极影响。

提高移民的语言交际能力也是减小文化适应压力的重要途径。一些研究者（Brian J. Hurn，K. Langmia 与 E. Durham，2013）对来自不同文化背景的人的交流技巧、障碍等问题进行了系统而深入的研究。

总的说来，西方文化适应理论对文化适应模式、文化适应心理进行了系统而深入的研究，对国内文化适应研究有所启示。但是，我们也应该看到，西方文化适应理论研究的主要对象是外来移民，而国内文化适应研究的对象是少数民族。西方外来移民从祖国来到东道国，两国文化反差极大，文化适应障碍更多，文化认同过程更为复杂。国内少数民族文化适应是在国家认同、长期的民族交往的基础上进行，不同民族文化长期互相影响，而且随着社会与经济发展，不同民族之间的交往更为频繁与密切，因此文化适应的障碍较少，文化适应过程相对简单。

（三）文化适应对青少年影响的研究

很多研究都认为，对儿童和青少年来说，文化适应是一个特别重要的问题。自我概念分离是青少年文化适应过程中容易产生的一种心理问题。自我概念分离的目的是为了保护自我免受过大的压力。自我概念的分离将会导致个体难以用健康的方式适应文化，尤其是不能把本土文化与东道国文化整合起来。

家庭在青少年文化适应的过程中发挥着重要作用。家庭可以在一定程度上影响年轻人保留本土文化。Birman 与 Taylor-Ritzier（2007）对苏联移民家庭的研究发现：这些家庭持有集体主义和互助价值观，与持美国主流文化价值观的家庭相比，他们更加要求青少年遵从父母的权威。研究显示，越是适应美国文化，青少年心理压力越小，家庭关系和谐。

学校是学生文化适应的重要场所，也是儿童和青少年接触主流文化的场所，学生通过学业发展、语言习得、同伴联系、社会要求等方式开始文化适应。Trickett 与 Birman 对学校 9 年级至 12 年级的苏联移民家庭的儿童和青少年的学校文化适应情况进行研究，发现适应美国文化的水平通常对适应学校是一个积极指示，适应俄罗斯文化不会对适应学校产生重要影响。他们的研究与先前的研究不一致，因为已有研究认为保留本土文化与青少年的学术成果肯定有关联。

二、国内对文化适应理论的研究

（一）介绍西方文化适应理论

从 21 世纪初期开始，一些国内研究者开始介绍国外文化适应理论。许菊（2000）在《文化适应模式理论述评》中介绍了几位西方学者对"文化适应"的定义：文化适应（acculturation），是"对一种新文化的适应过程"（Brown，1980），是对"新文化的思想、信仰和感情系统及其交际系统的理解过程"（Ellis，1985）。此外，作者还介绍了在第二语言学习中与文化适应相关的两个基本概念：社会距离与文化适应、心理距离与文化适应。孙进（2010）介绍了三种与文化适应相关的理论模型：Berry 的"跨文化适应模型"，该模型区分了文化适应的四种不同类型；Ward 的"文化适应过程模型"，该模型描述了文化适应的过程及社会心理层面上的影响因素；还有 Danckwortt 的"对陌生文化的适应理论"，该理论全面总结并分析了文化适应的特点、领域、过程和阶段。学者们对国外理论的介绍，虽不能完全解决国内少数民族文化适应问题，但给国内研究提供了理论基础和基本框架。

（二）国内学者进行跨文化适应理论构建研究①

除引进国外跨文化适应理论外，国内学者也从各自的学科视角出发，提出了新的概念和理论模型，丰富了现有的跨文化适应理论。张卫东、吴琪以 Ward 的跨文化适应理论和 Black 的跨文化适应多元结构模型为基础，创建了由跨文化适应意识、跨文化适应知识和跨文化适应行为三个维度构成的跨文化适应能力理论。② 安然从跨文化传播与适应的角度探索来华留学生的跨文化适应模式。她认为，留学生跨文化适应的过程是自身敏感—蜕变与外界敏感—推压的集合体，跨文化适应过程的终端"不是完整深刻的另一文化，而是一个介于原来文化与新文化之间的平面"，即"夹心文化层"。③

（三）对国内学者运用文化适应理论对教育问题的研究

国内研究者（万明钢 2005，吴为善 2009，岳广鹏 2010，王平 2012，戴晓东 2012）借鉴国外理论，结合国内实际，从不同学科（教育学、宗教学、传播学、心理学、社会学）出发，对教育理论、民族地区中小学生教育、大学生、移民、外国留学生的文化适应和文化交际的问题进行研究，取得了丰硕的研究成果。这里重点介绍文化适应理论在教育理论研究、民族地区中小学生教育研究方面的情况。

万明钢，王平（2005）运用文化适应理论对教学改革中教师面临文化冲击与文化适应问题进行研究。教育改革中教师会面临文化冲击和文化适应问题。新的教育文化所要求的教育理念、教育信仰、教育行为和教育评价方式与教师已形成的教育理念和教育行为

---

① 这部分内容可以参看：孙淑女. 我国跨文化适应理论研究综述［J］. 文化学刊，2017（10）.

② 张卫东，吴琪. 跨文化适应能力理论之构建［J］. 河北学刊，2015（1）：218-221.

③ 安然. 跨文化传播与适应研究［M］. 北京：中国社会科学出版社，2011，21.

有很大差异，教师常常面临一些困境。教师们常常处于边缘化状态，虽然能够认识到自己传统的教育理念、方法有问题已不能很好地适应教学改革和社会发展的要求，但是对新的教育文化、教育理念和方法难以理解、难以掌握，更难以内化为自己的教育信念和教学行为，使自己处于两种教育文化的夹缝和冲突之中。因此，文化冲击与文化适应会影响教师的教学行为、教学方法的选择。① 孟凡丽也同样强调在教育理论研究中，要对教育理论进行深层文化透视，关注文化适应问题，借鉴和吸收的首要方面应是国外教学理论研究的方法和方法论，要深入洞察文化传统对我国现实教学的影响，建立自己的本土教学理论。②

有一些学者对民族地区中小学学科教学的文化认同进行了研究与探讨。杨孝斌、罗永超运用国内外学者对民族数学文化理论的研究成果对民族地区的数学进行了深入的研究，认为："数学教学上关注民族文化对数学学习的影响。这就给出了民族地区数学教育文化适应的基本途径——跨文化数学教育。"③ 遗憾的是，在学科实施文化认同教育研究的文献不多，也反映出相关研究还非常滞后。

通过对国内外文化适应理论研究的梳理，我们坚持在本研究中采用文化整合策略。理由如下：国内外学者普遍认为采取文化整合策略最有利于学生文化适应与认同。Beery 对 13 个国家的研究已经证实：整合策略不仅有利于促进民族间关系的和谐，而且有利于个体的身心健康、学业成绩、社会文化适应等。国内研究者安晓镜的研究也得出同样的结论，民族地区的初中生刚进入初中阶段时，都存在文化不适应的情况，而文化整合策略在民族认同和多元文化

---

① 万明钢，王平. 教学改革中的文化冲击与文化适应问题［J］. 教育研究，2005 (10)：44-46.

② 孟凡丽. 教学理论研究中的文化适应［J］. 教育评论，2002 (5)：1.

③ 杨孝斌，罗永超. 民族地区数学教育的文化适应性研究［J］. 中小学课堂教学研究，2017 (Z1)，15-18.

意识的关系中能发挥积极的中介作用。① 在文化生活作文中运用文化整合策略，首先需要学生在作文中能选择丰富的生活素材，能对不同的文化生活事件进行反思与对话。

第二节　生活作文写作理论

目前，尽管生活作文教学是中小学语文教学研究的热点问题，但是对生活作文进行系统研究的成果并不多。相关研究大多倾向实践层面的研究，对生活作文的定义和内涵的研究成果也不多。

一、生活作文的定义和内涵

界定生活作文的定义和内涵，是研究生活作文教学的起点。国内对生活作文的界定常常引用朱建人的观点，认为生活作文就是"以真实的生活世界为写作对象，以现实生活需要为作文能力培养目标，从观照学生真实生活，拓展学生作文内容与作文形式入手，充分关注学生个性差异，努力激发学生写作内驱力，提高学生书面语言运用能力，与此同时，发展学生思维，提升学生人格的一种作文理念及教学策略"②。该概念界定的内涵较为丰富，因此被不少研究者采纳。在笔者看来，此概念虽明确指出生活作文的写作对象是生活世界，但并未界定生活世界这一概念。究其原因，可能是研究者认为"生活世界"是一个自明的概念。

何谓"生活世界"？在有关生活作文教学的研究文献中，大多数研究者对此含糊其词，要么把"生活世界"与"生活"混为一谈，要么把生活世界理解为直接经验。这些观点都把"生活世界"理解为一种外在的客观世界。实际上，在教育现象学和哲学里面把

---

① 安晓镜. 多民族地区初中生民族认同、文化适应策略与多元文化意识关系之探究［J］. 民族教育研究，2017（5）：84-89.

② 朱建人. 生活作文之研究［J］. 上海教育科研：2004（1）：36-38.

"生活世界"界定为一个主客观统一的直观世界。笔者在《发现与建构——基于现象学的生活作文研究》一书中，基于现象学的思想与方法对生活作文进行了界定和内涵解读。

笔者认为：生活作文是学生从自己在个体再生产活动和专门性的社会生活中的所见、所闻、所为出发，不断超越惯常的生活世界，建构自我精神世界的语言表达活动。在这个概念中，生活作文本质上是一种超越性的精神建构活动，对生活作文的观察、反思、语言表达等环节进行了一致的解释。在写作观察阶段，需要发现并突破习以为常的生活世界的遮蔽，从反反复复平平常常的生活世界中发现新的意义。在反思阶段，需要对无序的、非主题化的生活世界进行聚集、选择、重组，显然是对惯常生活世界的超越。在语言表达阶段，语言在不断揭示生活世界，生活世界在语言之光的照耀下，有的在光亮之中清晰显现，有的则隐退在光亮之外，生活世界于是明暗分明地呈现出来。从观察到反思、从反思到语言表达，是从主客观统一的生活世界到纯粹主观的观念世界再到外化符号世界的过程，它们之间存在内在的连续性，也存在一定的间离性，这就是笔者提出的生活作文超越论的基本内涵。

其实，马正平先生对写作的本质进行过非常深入的探讨，他认为："写作是由动力驱动的创生精神秩序并将其递变为书面语言秩序的操作行为。"[①] 其实笔者提出的观点就受到马先生的启发，从现象学的角度对生活作文的本质进行诠释，突破了传统写作理论中转化论的观点，不再把观察活动仅仅看成为写作构思、行文活动提供素材的一个阶段，而认为它们之间存在内在的有机联系，并对其关系进行了一致解释。

二、生活作文立意理论

文化生活作文需要教师引导学生从生活世界中发现其蕴含的文

---

① 马正平. 高等写作学引论 [M]. 北京：中国人民大学出版社，2002：90.

化意义，这实际上就是立意的问题。教师引导学生进行文化立意，一方面，需要教师深入了解生活作文立意的途径；另一方面需要了解如何从文化角度立意。

生活作文立意的途径包括自上而下与自下而上两种途径。自上而下实际上就是作文教学中主题先行。考试作文大多是命题作文或材料作文，一篇考试作文，如果能够做到审题准确，立意深刻或新颖，详略得当，那么基本上就能获得不错的分数。因此，在写作理论和作文教学中，尤其重视确立主题（或中心）在作文中的重要作用。在长期的作文教学中逐渐形成了包含"审题—立意—选材与剪裁—行文—修改"几个环节的经典作文教学模式。该模式的核心环节是"立意—选材与布局"，也就是说作文首先是确定主题，然后进行选材与布局。在长期的生活作文教学和改革中形成了各种各样的教学模式，但这些教学模式基本上都是按照"审题—立意—选材与剪裁—行文—修改"几个环节进行的，都强调主题在作文中的优先地位和统帅作用。而且，这些教学模式都是基于写作转化论和唯物主义认识论进行的，拥有相同的写作学和哲学理论基础。因此，这些教学模式都属于同一种作文教学范式——"主题先行"范式。改革开放以来，不少作文教学研究者对生活作文教学进行了改革，形成了各种各样的作文教学模式，但不少作文教学改革是在"主题先行"教学范式中进行的，比如：袁逸仙、彭小明提出的体验作文模式也强调主题先行：[①]

（1）确定主题，未成曲调先有情；

（2）创设情境，激活体验。教师主要采取两种方式来引导学生获得体验：组织活动和创设情境；

（3）抒写体验，张扬个性；

（4）多元评价，鼓励创新。

---

① 袁逸仙，彭小明. 体验作文教学模式的建构［J］. 现代语文（教学研究版），2012（7）：4-7.

这种模式实际是当前中小学作文教学普遍使用的一种作文教学模式，同样基本上遵循了传统的作文教学模式"审题—立意—选材与剪裁—行文—修改"这五个基本环节，只不过研究者将传统作文教学中写作前的观察环节与体验环节移到行文环节之中。

自下而上也是作文立意的重要路径。在自下而上的立意模式中，作者写作构思的出发点不是主题而是素材。作者在选取特定的素材之后，再对素材进行思维提升形成主题。在实施"新课改"之后，由于课程标准强调作文教学需要学生写自己的生活，融入真情实感，因此有一些教师重视学生写真实的素材，反对学生为了写"高大上"的主题而编造各种虚假的故事，不过很少有研究者能根据理论提出系统的操作方法。笔者在《发现与建构——基于现象学的生活作文研究》一书中，基于写作超越论，提出了一种自下而上的立意模式——"焦点体验扩散"模型。[①]（见图 4.1）

该写作模型把个体与世界交往形成的触发性知觉体验作为作文构思行文的起点。"触发性知觉体验"就是学生体验中印象最深的一瞬间，也是学生感知最为明显的一瞬。实际上，不痛不痒的学生生活虽然没有惊涛骇浪，但不会总是风平浪静，会不时泛起快乐幸福或烦恼忧愁的涟漪。因此，这些充满喜怒哀乐的学生生活，就是与学生真实的生命情感关联的生活，这个世界也是学生独特而有生命意义的世界。围绕触发性知觉体验进一步激活边缘、背景、不在场的体验，就会形成一个丰富的意义场，就能够初步形成一个较为明显的主题。

---

① 胡斌. 发现与建构——基于现象学的生活作文研究 [M]. 成都：四川大学出版社，2013：229.

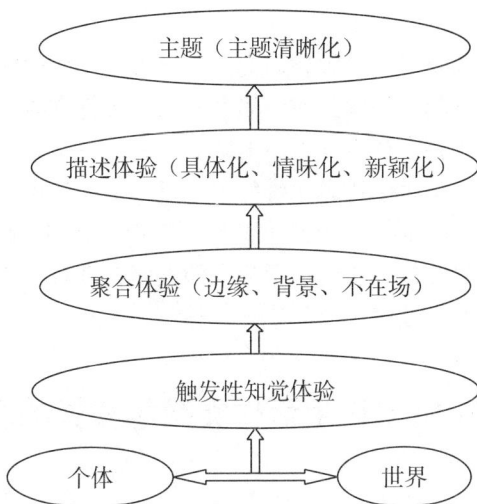

图 4.1 "焦点体验扩散"写作模型

　　基于"主题先行"写作模型进行作文活动，学生主要在进行演绎思维。演绎思维的最大特点就是从给定的前提推出结论，因此难以发现全新的事物和观念。在"主题先行"模式下进行写作活动，根据主题不断甄别、选择、排除与主题无关的内容，实际上就是一种收缩式思维活动。生活作文作为一种精神世界的建构活动，本质上就是克服各种内在的、外在的因素束缚的超越活动，基于"主题先行"写作模式进行体验作文教学，容易导致学生思维模式雷同，难以写出个性化的作文。

　　"焦点体验扩散"写作模型是一种开放式的写作模式。基于该模式进行作文，是围绕触发性体验吸附相关的、相似的其他体验，也就是说被吸附的体验与触发性体验之间可以保持多种联系，或者是时空联系，或者是认知联系，或者是情感联系，或者是无意识联系……在生成主题过程中，拓展吸附路径既需要逻辑思维，也需要借助想象、联想等思维活动。从焦点体验出发生成主题，不仅能够充分激活学生的思维，而且生成的主题往往存在更多的可能性和丰富性。

在本次课题研究中，课题研究组在开展教学实验时，就是依据该立意模式进行的，为课题实验研究提供了关键支撑。不过，在立意的过程中，还存在学生立意不清晰的问题。在笔者看来，立意不清晰的原因在于学生的逻辑思维能力不足，对于汉语写作基础较好的学生，解决该问题相对容易，但对于汉语写作基础很差的学生，解决该问题就存在较大难度。但如果能够坚持训练学生的逻辑思维能力，还是能够有效解决此问题。

第三节　建构文化生活作文教学模式的基本原则

一、整体性原则

写作是一个极为复杂的活动，在写作过程中涉及语言、思维、思想情感、写作兴趣、写作动机、写作策略等要素。文化生活作文教学更是一个复杂的系统工作，除了需要理解学生的写作心理，还需要了解学生文化心理形成的机制、学生的写作基础，选择有效的教学方法。因此，文化生活作文教学需要从整体关照作文教学，才能够有效达成教学目标。

首先，需要把写作前（观察与阅读）——写作中（立意与构思）——写作后（评价与修改）作为一个完整的教学活动，并以文化作文主线贯通写作教学的各个环节。在写作前（观察与阅读），教师需要引导学生进行专题性文化观察与文化阅读。文化观察是一种深度观察，需要学生在观察中发现生活事件的文化意义，而通过文化阅读能够让学生了解地域文化与传统文化中蕴含的内在观念，并及时进行随笔作文，记录下自己的所见所感。因此，需要把观察与阅读有机整合起来。在写作中（立意与构思），教师需要引导学生选择近期进行的专题性观察材料，进行立意与构思。因为前阶段学生已经积累一定的生活体验，并已经结合阅读进行一定的思考，如果学生在教师的引导下再次思考，就会有更多的发现，避免了学生无话可说的窘境。在写作后（评价与修改），需要教师引导学生围绕作文教学的中心目标进行自我评价、合作评价，避免作文评价目标大而导致重点问题难以解决的情况出现。同时，还需要求未达标的学生在教师或同学的帮助下完成作文的修改任务，并对修改情况予以评价。

其次，文化生活作文教学需要从文化观念、情感、思维、语言、写作方法等不同方面推进。在一次完整的作文教学活动中，一方面我们需要考虑影响学生作文的全部因素；另一方面也需要考虑影响学生作文的重点因素。尽管我们不可能通过一次作文解决所有问题，但是我们还是必须着眼于整体来解决局部短板问题，最终实现学生作文整体水平的提升。

二、渐进性原则

作文本身是一项复杂的语言表达活动，而且与学生的认知能力有密切关系。因此，对于写作基础较差的民族地区初中学生来说，要达到中考高分作文的要求是一个漫长而艰难的过程。因此，语文教师在作文教学中一定不能急于求成，而需要根据学生的实际情况循序渐进。比如，在一些较为偏远的民族初中，有不少学生小学阶段是在彝语环境中生活与学习的，刚进入初中时，其汉语写作水平很低，能够把一件事情完整写下来就非常不错了。那么针对这种水平的学生，作文教学的首要目标就是学生能完整地叙述一件事，然后能具体地叙述一件事情。因为实现这些目标主要依靠形象思维，相对立意来说更为容易，也更加基础。当这些目标实现之后，进行文化立意训练就可以集中训练学生逻辑思维能力，实现有一定深度的文化立意。

需要指出的是，当前很多教师非常重视微写作，因为微写作目标单一而简单、时间短而灵活，对激发学生的写作兴趣、提高写作能力有非常重要的意义。在笔者看来微写作包含两种基本类型：专项训练与综合训练。专项训练主要是针对作文的某一个点进行训练，比如写作方法、修辞方法、描写方法等；综合训练就是小而全的作文，比如日记写作中记叙一件事。在教学中，一些教师进行微写作时较为随意，不能根据学生自身水平发展的基本规律展开训练。目前，关于记叙文微写作训练的研究成果不多，需要教师根据学生水平与认知发展规律积极探索微写作训练的有序化。

三、文化性原则

文化生活作文教学需要体现文化性这一特点。在文化生活作文教学中的不同阶段和不同环节都需要以培育学生文化精神为主线开展作文教学。在文化生活作文教学初始阶段，需要引导学生关注文化意义明显的生活事件，比如传统节日生活事件、婚丧嫁娶生活事件、习俗生活事件等。在中间阶段，需要教师引导学生关注文化意义不明显的生活事件，比如日常生活中的娱乐消费、人际交往与冲突、交通旅行等。在最后阶段，需要教师引导学生基于社会主义核心价值观对不同文化观念进行反思与对话，最终形成健康的、开放包容的文化心理与理性和谐的文化价值观念。

在文化生活作文教学的各环节也需要凸显作文教学的文化特点。在选材方面，需要让学生选取有文化意味和社会意义的素材，而不能够仅仅局限于自我的小圈子。在立意教学阶段，需要重点培养学生进行文化立意的能力，实际上很多日常生活素材，都蕴含丰富而深刻的文化意义。比如，日常生活中人与人之间的矛盾与冲突，其背后就是文化观念的冲突。因此，教师可以在作文教学中引导学生进行文化反思，发现日常生活事件的文化意义。此外，进行文化立意还需要进行文化对话，因为立意需要作者表明对某种文化观念的态度，这需要学生在立意的时候对某一价值观进行价值判断，而判断的过程实际上就是学生已有观念与材料蕴含观念之间的对话。在这一环节中，学生有时候是无意识进行的，教师需要引导学生自觉运用社会主义核心价值观去审视与思考。在作文评价阶段，教师需要关注学生选取的材料所蕴含的文化意义是否得到挖掘，如果学生挖掘不到位，需要教师进一步指导，让学生掌握发现生活素材文化意义的路径与方法。

第四节　文化生活作文教学的基本环节

一、明确目标

明确教学目标是文化生活作文教学的起点。文化生活作文教学需要根据学生实际和文化育人的需要设置作文教学目标。首先，需要以学生生活作文能力发展的水平设置不同层次的目标。在彝民族地区，部分初中生小学阶段是在彝语环境中学习和生活，其汉语写作能力极低。因此，作文教学至少需要设置"能够完整叙事——能够具体叙事——能够围绕中心叙事"三个层次目标。但是，也有一些学校民族学生从小就在汉语环境中生活与学习，其汉语水平与汉族学生没有明显差异，汉语表达能力较强，因此就可以略过第一个层次的教学目标，甚至可以将第二、第三层次目标合并为一个目标。

其次，要将文化育人作为主线目标贯穿于作文教学的全部阶段，可以按照"熟悉而且文化意义明显——熟悉但文化意义不明显——不熟悉但文化意义明显——不熟悉而且文化意义不明显"的路径进行。这样设置是引导学生从熟悉到陌生、从表层到深层，逐渐学会发现生活世界的文化意义，并由浅入深进行文化对话，实现不同文化观念的有机整合。

在文化生活作文教学中，很多教师以学生写作能力发展层次为基础设置教学目标，而忽视写作内容的有序性。笔者认为，在以写作能力层次设置教学目标的时候，需要考虑写作内容是否能更加有效地促进写作能力的发展。

二、定向积累（观察与阅读）

定向积累是指在文化生活作文教学中，引导学生在写作前积累与写作目标有关的内容素材、语言素材与写作方法。课程标准明确指出："语言积累"是语文素养形成的重要途径，因此写作积累也是作文素养形成的途径。在作文教学中，有不少教师虽然较为重视积累教学，但是往往忽视写作前的积累教学与写作中的构思行文教学的关系，常常是顾此失彼事倍功半。实际上，如果能把写前的积累教学与写作中的构思与行文教学作为一个完整的写作教学活动，就能显著提升作文教学的效果。

积累的方式有专题观察、专题阅读、专题微写作。专题观察是指围绕一次作文教学的中心目标，引导学生观察生活。比如，如果将进行一次节日活动的作文教学，需要引导学生观察节日生活事件，并让其学会观察生活事件的基本方法，特别是深入细致地观察生活事件的方法，避免学生观察时走马观花，导致作文内容空泛浮躁。专题阅读是指围绕一次具体的写作任务而展开的以读促写的阅读教学活动。专题阅读需指向学生攻克教学目标的主要障碍，比如学生写节日活动，需要学生通过阅读了解节日的文化内涵，学会描绘节日生活事件的方法。专题微写作同样如此，通过片段写作重点训练学生在具体作文写作时需要运用的方法与技巧。

写作源于生活，因此观察教学在写作教学中具有比阅读教学更为重要的地位。在实际教学中，有不少教师本末倒置，在作文教学中过于重视阅读。在写作积累教学中，教师需要引导学生充分重视写作观察，并在观察、阅读与微写作之间建立互动性联系。

三、激活体验

生活作文的构思与行文过程都需要在反思生活世界的基础上进行。在构思阶段，学生需要借助想象（回忆）再现初始的生活体验，并选取需要进行语言表达的片段；在行文阶段，一方面需要借助想象再现或重组生活体验（已不是生活体验本身），另一方面需要借助语言符号把表象化的生活体验转化为文本。因此，在生活作文进行构思与行文阶段，需要充分激活学生的生活体验，激活范围越广、程度越深，也就越有利于学生选择写作内容进行语言表达。

在中小学作文教学中，学生常常需要写有一定限制的文章，比如命题作文、半命题作文与材料作文。因此，激活体验首先需要根据题目要求展开。不过，这会在一定程度上限制学生的思维，难以激活其已有的生活体验。但是，如果教师能够让学生掌握一定的提取线索技巧，还是能够有效激活学生的生活体验。线索包括时间线索、地点线索、人物线索、事物线索等基本类型，如果教师引导得当，就完全能够激活学生的生活体验。当然，在实际教学中，教师可以根据作文教学任务的特点采用一种或几种提取线索的方法来激活学生的生活体验。

一般情况下，根据提取线索往往只能发现学生生活体验中印象最深的"点"，但这并不足以写出一篇有篇幅长度的作文。因此，激活"点"之后，需要围绕"点"不断扩散，发现更加丰富的体验。笔者在前面已经介绍了"焦点体验扩散模式"，提出了围绕焦点体验激活其他体验的三种路径，这里就不再赘述。

当然，民族地区的学生的文化生活更加丰富。比如，在彝汉混居区域学生不仅要过全国统一规定的传统节日（春节、清明节、端午节、中秋节），还要过彝族的节日（火把节、彝族年）。此外，不同民族之间进行交往时，由于观念的差异、偏见与误解等原因，也往往更容易发生矛盾冲突，民族地区学生对文化生活的感受也更加深入。因此，对于民族地区的初中生来讲，他们写作的文化素材更加丰富，也更容易写出有文化意味的文章。

四、文化反思和文化立意

文化生活作文教学需要引导学生进行文化反思，从惯常的生活世界中发现文化意义，确立文化主题。以文化适应为目的的文化生活作文是一种深度写作，对于初中学生而言，进行文化反思有一定难度，特别是民族地区较为偏远地区的初中生。笔者在凉山地区一些民族中学进行教学实验中发现，对于民族地区写作基础薄弱的学生，首先不是立意的问题，而是是否能够写出一篇有具体内容的记叙文的问题。但只要教师善于引导学生，学生还是能够从日常生活中发现文化意义，因为在日常生活中他们已经能够感知到社会中的矛盾与冲突带来的压力、恐慌、畏惧等，而矛盾与冲突往往与文化有关。

下面提出的文化立意的方法是在学生能具体叙事的基础上进行的。首先，要引导学生选取文化意义明显的生活题材，比如不同民族的传统节日生活事件、婚丧嫁娶生活事件。然后引导学生选取自己经历的文化生活事件中感触最深的瞬间进行思考，不断追问现象背后的原因，发现其中蕴含的文化意义。再对其中蕴含的文化意义进行价值判断与反思，从而形成正确的价值观与文化态度。其次，还要引导学生从文化意义不明显的生活题材中发现文化意义。不明显的生活题材往往是学生最容易忽视的地方。因此，不少教师认为学生作文假大空的原因在于生活的局限，实际上，尽管学生学习生活空间大多局限于学校与家庭，但是并不意味着学生就与社会完全隔离。一方面，在学校和家庭日复一日的生活中，各种矛盾与冲突时时刻刻都在发生，教师与学生之间的矛盾、同学与同学之间的矛盾、学生与家长之间的矛盾等；另一方面，学生在放学后、节假日或多或少都会接触丰富的社会生活，只是更多的时候学生对这些熟视无睹而已，或是略有触动但转瞬即逝。也正因为如此，文化生活作文教学特别重视作文观察积累教学。实际上，这些琐屑的日常生活事件往往都蕴含丰富的文化主题，比如在路上踩到狗屎、乱穿公路、吵架打架、看电影、逛市场、进餐馆、丢垃圾、路遇拾荒者……这些日常生活事件都蕴含丰富的文化意义，需要教师引导学生小中见大，从日常生活中发现文化意义。教师首先需要引导学生选取对自己有触动的生活事件，然后引导学生思考事件中的人做了什么、没有做什么、该做什么、不该做什么、为什么要做、为什么不做，这样就会初步形成有一定深度的文化主题。最后，还需要进一步判断主题的写作价值与表达主题的可行性。一方面，需要判断主题是否有一定的新颖性（相对于自己已有的或同学的水平）；另一方面，需要判断主题的写作价值，也就是能否有丰富的材料支撑。

确立主题普遍存在的问题是主题雷同、主题深度不够。写母爱是中小学最为常见的主题，但是我们发现学生从小学到初中，只要写母亲就会是母亲送我上学、上医院这些老生常谈的内容，常常局限于母亲的关心与爱护。课题组在一所比较好的学校展开教学实验时，要求学生写《母亲》，结果发现学生作文的立意大多局限于母亲对自己的关心与爱护，并未对孩子需要什么样的母爱、母亲如何爱护孩子等问题进行深入思考。

五、凸显文化主题

按照马正平先生的观点，写作行为本质上就是一种赋形思维。"写作过程中，赋形思维是写作行为的起点，也是写作行为的最终目标，因为写作的过程就是对写作主题、立意彻底的赋形。"何为赋形？赋形就是"写作者对自己所要写的文章的主题、立意（思想、情感、氛围、性格、特征、信息）的渲染化、造势化、清晰化写作行为中所运用的思维操作技术"[①]。按照马正平先生的解释，"重复"与"对比"是赋形思维的基本操作，在不同尺度上进行"重复"与"对比"，方使主题不断凸显。

在写作立意阶段，虽已形成了主题，但只是在主题与材料之间建立了初步联系，还需要进一步强化二者之间的联系，进一步凸显主题。因此，凸显主题贯穿于写作构思、表达与修改整个阶段，不

---

① 马正平. 高等写作思维训练教程［M］. 北京：中国人民大学出版社，2002：18.

仅需要考虑主题与材料的匹配性问题，还需要考虑如何强化主题的问题。

首先，需围绕主题筛选已被激活的体验。在"激活体验"阶段，被激活的体验围绕焦点体验较为松散地聚集在一起，而不是围绕主题聚合，它们与确立的主题之间的联系有紧有松、有隐有显，甚至会没有联系。一方面，需围绕主题选取联系紧密和明显的材料，舍弃联系不紧密或无关的材料；另一方面，需围绕主题不断激活与主题有关联的体验。这样，就能够通过素材的增删不断强化主题。其次，需要进一步激活已经选取的素材，使之更为具体化与细致化。针对已选取的素材，一方面可以借助反思（想象）使被选取的素材情景化，发现能够凸显主题的细节；另一方面，也可以借助想象与联想激活相关的被忽视的体验进一步补充素材。这样，就使主题与材料之间联系更为紧密与明显，从而使立意阶段初步形成的主题清晰起来。

六、组织材料

传统作文教学极为重视组织材料这一环节。在行文之前，如果教师能够让学生预先写出文章的基本框架，能够反映所选材料与主题之间的联系，反映材料的组织与安排，那么学生根据提纲写出文章的基本内容与结构就不会存在太大的问题。这对于学生在有限的时间内快速完成一篇中心明确、内容具体、结构合理的作文很有帮助。因此，在作文教学中我们需要坚持运用传统作文教学中一些合理的方法，并在教学实践中不断创新。

如何才能写好提纲呢？首先，一份完整的提纲应包括标题、主题（中心思想）、选材、结构、写作方法等几方面内容。其次，教师应该根据不同教学目标，合理调整作文提纲的写作内容。最后，教师应该在作文教学中及时快速发现学生作文提纲写作的问题，引导学生及时修改完善。当然，在文化生活作文教学中，作文的关键在于中心是否有文化意义、材料是否有文化特色（地域特色与民族特色），因此教师应该特别注意作文提纲中与主题相关的问题。

七、评价修改

评价修改是作文教学的另一重要环节，在一线教学中部分教师对该环节的重要价值认识不到位，重视程度不够，难以充分发挥作文评改的重要功能。不过，关于作文评改教学的研究成果较多，对运用信息化手段评价作文、作文评改模式等研究成果很多，这里笔者不再赘述。

作文评改的目标应该与观察、构思、立意、行文、环节教学目标有一致性，目标单一集中。笔者非常推崇钱梦龙先生的做法，就是作文评价直接指向教学目标，按照目标的达成情况予以评分。比如，在一次作文教学中，钱梦龙先生给学生提出两个简单目标（学生写作基础极差），首先是作文有标题，其次作文要分几段。学生只要达到要求，就是满分。学生感到高兴的同时也感到困惑，不敢相信。钱梦龙先生这样解释："我们这次作文教学的目标是什么？你们达到目标没有？很多学生平时没做到的，这次的的确确做到了，那当然就该是满分。"实际上，在作文教学中设置学生努力就能够达成的目标，根据学生目标的达成情况进行评改，能有效促进学生作文能力不断提高。

文化生活作文教学评价重点是关注学生的立意，但是立意之后又需要具体表现主题。在教学中，教师往往急于求成，设置教学目标过多过难，期望学生在一次作文教学中同时达成多个目标。实际上，我们可根据学生的实际情况，分开设置教学目标，比如在学生作文基础差的学校或班级，可以先让学生学会"记流水账"。然后学会具体叙事（比较具体的流水账），然后再训练文化立意，这样更符合学生的认知发展规律，也能让教学目标清晰、有序、有梯度。

第五章　文化生活作文教学实验

第一节　文化生活作文教学实验基本情况

文化生活作文教学实验是文化生活作文教学实践的重要环节。是基于文化适应理论和生活作文教学理论设计的文化生活教学模式，只有在实验中不断探索、不断总结经验、不断改进教学方法，最终形成较为完善与具有可操作性的教学模式，才能在学校进一步推广运用。因此，在教学实验中，课题组在选择实验学校、教师、学生，设计实验方案，数据收集等方面都进行了认真地思考，力求实验过程中能够有效避免干扰因素对教学实验的影响，保证在短期的实验中达成实验的核心目标——"在作文教学中建构学生的文化意识"，并在此基础上观测其他目标的达成情况。

一、教学实验学校与学生的基本情况

2016 年 9 月，云南省课题组开始进行作文教学实验。课题研究选择的实验学校包括云南省楚雄第一中学与四川省凉山彝族自治州的德昌民族中学。

楚雄一中位于云南楚雄彝族自治州，采用普通教学模式进行教学。目前，学校初中部有教师 49 人，其中彝族教师 6 人；有学生 852 人，其中彝族、回族、傣族、白族、哈尼族、壮族、苗族、傈僳族等少数民族学生 281 人。彝族学生占到 23.5％。学生一般来自楚雄城区，学生汉语写作水平较高。

实验班级情况：本次实验共计 4 个班级参与，分别是初一和初二两个年级、4 个班级（2 个实验班，2 个对照班）参与，共计学生 208 人。实验教师的情况：参与本次实验的教师是 2016 级（1、2 班）的夏玲老师和 2017 级（1、2 班）的黄昆老师。（注：本年级其他班级为对照班）

德昌民族中学位于四川凉山彝族自治州德昌县城，是一所民族初中，采用二类教学模式进行教学。目前，学校有教师 242 人，其中彝族教师 70 人；有学生 3123 人，其中彝族学生 2102 人，彝族学生占到 67.3％。学生一般来自热河、马安、铁炉、大湾、麻栗、银鹿、大陆槽等乡镇，这些乡镇大部分属于彝族聚居区，学生小学阶段主要接受彝语教学，学生刚进入初中时，汉语写作水平非常差。

实验班级情况：本次实验共计 4 个班级参与，分别是初一和初二两个年级、4 个班级（2 个实验班，2 个对照班）参与，共计学生 221 人。德昌县民族初级中学参与本次实验的教师是 2016 级 5 班的左永会老师、2015 级 5 班的柯红英老师、2015 级 3 班的谭军老师、2016 级 6 班的肖瑶老师。学生主要来自德昌县下属的乡镇，学生进校时汉语写作水平较差，其生源情况在凉山彝族自治州很有代表性。

由于民族地区不同学校学生的汉语写作基础差异很大，比如楚雄一中的生源较好，学生汉语写作水平很高（民族学生的汉语写作水平与汉族学生没有明显区别）。德昌民族中学生源很具代表性，民族学生汉语写作水平很低。选取这所学校能够在很大程度上代表彝族地区学生的初中汉语写作水平，在该校进行教学实验，研究成果具有代表性，也具有更大的推广价值。

课题教学实验基本思路：本次教学实验的核心目标是通过文化生活作文培育民族地区初中学生的文化认同意识。但是，如果教学实验中仅仅关注此目标，一线教师难以充分理解课题研究的价值，会缺乏参与教学实验的热情。因此，课题组在实验中提出了"一横四纵"的实验方案，主张在实验中通过文化素材的选取、文化主题的确立，带动学生语言表达能力的提升（见下图）。因此，在教学实验中设计了多个目标，包括选材、立意、语言具体化（描写）、生动化（修辞）、写作方法等指标。但由于课题实验时间的限制，加之实验教师的关注点与实验目标难以高度吻合等原因，因此在实验过程中，课题组一方面专门设计了统一的教学实验方案，并根据实验反馈信息不断调整实验方案；另一方面，又要求教师自己结合学生的实际展开日记、作文片段写作等活动，发挥实验教师的自主性和创造性。

文化生活作文教学"一横四纵"模式

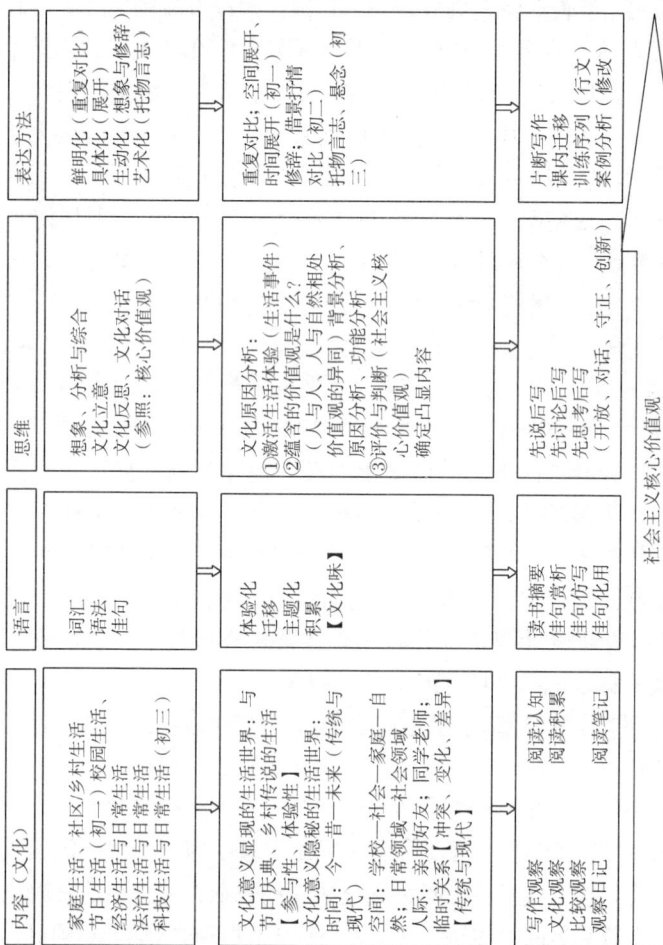

内容（文化）	语言	思维	表达方法
家庭生活、社区乡村生活、节日生活（初一）校园生活、经济生活与日常生活、法治生活与日常生活、科技生活与日常生活（初三）	词汇、语法、佳句	想象、分析与综合、文化立意、文化反思、文化对话（参照：核心价值观）	鲜明化（重复对比）、具体化（展开）、生动化（想象与修辞）、艺术化（托物言志）
文化意义显现的生活世界：节日庆典，乡村传说的体验性【体验性】 文化意义隐秘的生活世界：（传统与现代）时间：今一昔一未来（传统与现代）空间：学校—社会—家庭—自然 人际：日常领域—社会领域；临时关系：同学老师；亲朋好友【冲突、变化、差异】【传统与现代】	体验化、迁移化、主题化、积累【文化味】	文化原因分析：（生活事件）①激活生活体验（生活是什么？）②蕴含的价值观是什么？（人与人、人与自然相处价值观的异同）背景分析、原因分析、功能分析③评价与判断（社会主义核心价值观）确定凸显价值内容	重复对比；空间展开、时间展开（初一）修辞；借景抒情、对比（初二）托物言志、悬念（初三）
写作观察、文化观察、比较观察、观察日记	读书摘要、佳句赏析、佳句仿写、佳句化用	先说后写、先讨论后写、先思考后写（开放、对话、守正、创新）	片断写作、课内迁移、训练序列（行文）、案例分析（修改）
阅读认知、阅读积累、阅读笔记			

社会主义核心价值观

二、教学实验基本原则

为了保证课题研究能够有序、合理开展，课题组基于教学实验对象的特点、实验的基本条件等，为本次教学实验确立了三个基本原则。

（一）整体推进原则

课题实验如果仅仅着眼于文化育人目标，参加实验的一线教师显然会存在一些顾虑，不会积极配合实验的开展。而且，在教学实验中也发现一线参与实验的教师，其关注点是学生作文考试的分数，关注各地中考作文的评分标准。尽管各地作文评价标准里涉及中心时都提出了"主题深刻"这一指标，文化生活作文的立意就能有效达到这一标准，但一线实验教师依然关心从整体全面提高学生的写作成绩。因此，只有基于整体推进原则，才能够让一线教师积极参与蕴含一定风险的教学实验。

（二）重点突破原则

一方面，实验地区在中考作文评价中都未把文化育人纳入作文评价标准，导致教师的教学着力点只是指向中考作文评分标准的四个指标：中心、内容、语言、结构。

另一方面，由于课题实验研究时间的限制，难以进行三年一轮的教学实验，作文评价的四个指标难以完全解决。因此，在教学实验中，课题组要设法让教师引导学生在生活作文文化选材与文化立意方面有所突破，这样才能够完成课题研究的核心目标。至于其他方面的教学目标，课题组也争取在实验期间完成，如果实在不能完成，那么在今后的教学中还可以继续探索。

（三）文化性原则

在彝民族地区开展文化生活作文，文化性是教学实验的核心原则。本次教学实验的目的就是要通过生活作文培育学生健康的文化心理与文化精神。在教学实验中，首先，需要引导学生关注文化意义明显的日常生活事件，特别是一些传统文化意义明显的日常生活事件，引导学生基于社会主义核心价值观反思民族传统文化。其次，需要引导学生反思和批判日常生活中蕴含的现代文化观念，科学建构学生的现代文化意识。最后，还需要引导学生采用文化整合策略，在民族传统文化和现代文化之间进行对话，让学生形成稳定的、健康的文化观念。

（四）集中与分散结合原则

写作活动是一项复杂的表达活动，通过文化生活作文实施文化适应教育，不仅需要学生具备一定的文化反思和文化立意能力，还需要学生观察生活、积累语言、学习表达的基本技巧。彝族地区很多学校的学生汉语写作基础很差，而本次教学实验设置的目标较多，仅仅依靠集中的几次实验难以解决所有问题。因此，在教学实验中，课题组通过集中实验解决实验的核心目标，通过分散实验解决相关的边缘问题（相对于研究核心目标）和花费时间较长的目标，这样才能够保证在有限的时间内完成本次实验的基本任务。

第二节　第一次集中教学实验情况

第一次教学实验于 2016 年 10 月在楚雄彝族自治州第一中学与凉山彝族自治州德昌民族中学同时进行。楚雄一中参加实验的班级有 4 个班，共计 208 人；德昌民族中学参加实验的班级有 4 个班，共计 221 人。

本次教学实验设计的作文题目有两个：一个是《母亲》；一个是《我的烦恼》。前一个题目固定写作对象，后一个题目是开放性话题，选材更为自由。前一个题目能够让学生在熟悉的对象上发现不同的内容，从而使主题呈现一定的深度与丰富性。后一个题目便于引导学生关注更为丰富的现实生活而呈现丰富的主题。但由于《母亲》这篇作文要写出文化意义有较大难度，而且德昌民族中学学生作文的基础很差，教学实验效果不是很好。因此，在分析统计数据时只对《我的烦恼》的实验数据进行分析。

一、教学实验设计

根据课题研究的基本思想和目标，力求全面提升学生的写作水平，在教学设计中除了关注文化适应目标外，还重点关注了语言表达这一目标（来自彝族聚居区的学生汉语表达水平较差）。因此，课题组设计了实验作文《我的烦恼》教学方案。

《我的烦恼》（初一）的教学设计

教学目标：

（1）有中心（基本目标：明确；期望目标：深刻）。

（2）叙事完整。

（3）语言准确、具体。

教学重点：叙事完整

教学难点：中心明确

教学基本过程：

（1）导入定向。

人生不如意事常十之八九，在我们的成长过程中，会遇到许许多多的事、许许多多的人，让我们感到种种烦恼：失望、伤心、失落、困惑、内疚、担心、无奈、愤怒……"回首向来萧瑟处，也无风雨也无晴"，人生的烦恼，迟早都会过去，只要我们认真反思，勇敢面对，我们就会在遭遇烦恼、战胜烦恼的过程中不断坚强起来，不断成熟起来。那么，今天我们就一起来说一说、议一议、写一写我们遇到的烦恼。

（插入PPT图片）

（2）想一想，自己成长过程中遇到的最为烦恼的事情是什么？（选材）

矛盾冲突	与父母、兄弟姐妹、好友、老师、同学……吵架、争执	痛苦、愤怒、伤心
难以实现的事情	学习好、买新衣服、亲人陪伴、家庭富裕、帮助别人、爱护动物、获得友情、赢得成功、与众不同……	失落
担心发生不好的事情	父母外出打工、节日变得冷清、生态遭到破坏、人际关系冷漠、赌博败家、酗酒闹事、暴力（被欺负）、被骗、手机依赖	害怕、无奈
不该做却做了的事情	欺骗（误会）关心你的人、对朋友撒谎失言（不讲信义）、偷偷上网、违反交通规则	内疚、后悔
难以抉择的事情	学与不学、管事与不管事（干部）、讲不讲义气、自私与无私、帮与不帮	困惑

事件的开端、经过、结果：

题目：我的烦恼	
时间	
地点	
人物	
事件的开端	
事件的经过	
事件的结果	

（3）你产生烦恼的原因是什么？

我们不仅要知道是什么事情使我们烦恼，而且还要知道是什么原因造成我们的烦恼。

矛盾冲突	"封建迷信——科学理性" "野蛮愚昧——法制文明" "重男轻女、高低贵贱、望子成龙——平等自由" "自私自利——无私" "固守成见、狭隘保守——开放豁达" "侮辱嘲讽——尊重仁爱" "傲慢嚣张——谦逊礼让" ……

难以实现的事情	破陈规陋习、保留淳朴民风、爱护环境、养成好习惯……
担心发生不好的事情	淳朴的民风丧失、友情丧失、环境被破坏、遭遇挫折、远离亲人、告别美好的过去……
不该做却做了的事情 该做却没做的事情	自私、胆小、狭隘、懒惰、偏见、无知、莽撞、难以自律
难以抉择的事情	现实与理想、该不该讲义气、尽责与失职

想一想：你选的一件令人烦恼的事情，为什么让人烦恼？（因为他或我_____）

提示：破坏环境，不讲诚信，无责任，陈规陋习……自卑，自私，不自觉，武断，狭隘……

（4）围绕中心选材（教学重点）。

知识提示：中心，就是不断被重复、被表现（显现）的内容（思想与情感）。

示例：热闹的春节

提纲：

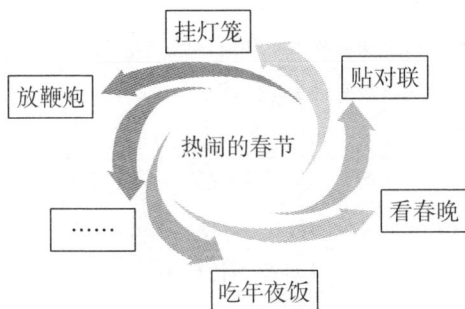

想一想：这件事中哪些地方（环境、情节、动作、语言、神态、心理）能够表现中心？比如，你让读者把某人的缺点（中心）

表现得越具体越生动，读者也就越能够感受你的烦恼（切题）。

附：语言包

语言包1	一串虚名利，黄沙痴迷眼，个个斗义气，事事苦争先，惹了一身是非，收来无穷烦恼，到头来，一场大梦。——延参法师
	如果你不给自己烦恼，别人也永远不可能给你烦恼。
	用不着操心去装门面，不必苦心焦虑去钩心斗角，也不必为了妒忌别人和患得患失而烦恼。——马克·吐温
	虚荣心驱使我们去做的事，比理智促使我们做的要多。——拉罗什富科
	财富减轻不了人们心中的忧虑和烦恼。——提卢布斯
	世上本无忧，庸人自扰之。
	谁自重，谁就得到尊重；谁放纵，谁就得到伤痛。
	不曾有太多放纵，也就不会存在多少破碎。
语言包2	经得起各种诱惑和烦恼的考验，才算达到了最完美的心灵健康。——培根
	不戚戚于贫贱，不汲汲于富贵。——陶渊明
	聪明人不注意自己不可能得到的东西，也不会为它们烦恼。——乔赫伯特
	尽管责任有时使人厌烦，但不履行责任，只能是懦夫，不折不扣的废物。——刘易斯
	没有经历过逆境的人不知道自己的力量。——琼森
	没有烦恼就没有进步，烦恼是前进的动力。——池田大作
	每个人的虚荣心和他的愚蠢是相等的。
	凡事在成熟前，都是有苦味的。——意大利谚语
	人生须知负责任的苦处，才能知道尽责任的乐趣。——梁启超
	我一天不能克服这种咬啮性的小烦恼，生命是一袭华美的袍，爬满了蚤子。——张爱玲
	幸福来源于自我约束。——乔治·桑塔耶那

二、教学实验数据统计

本次教学实验从五个方面收集实验数据：选材（话题）、主题、结构、语言和表达效果。前面两项指标是本次实验核心指标，后面三项为辅助性目标。

本次实验评价指标与中考作文评分标准有一致的地方，也有不一致的地方。在分数赋值方面，内容方面的占到45％，语言、结构方面占到55％。

表5.1　实验作文《我的烦恼》评分标准

评价指标 评价维度	具体标准	说明	备注
作文选材 （权重15％）	选材常见（10） 选材新颖（15） 选材有社会价值（20）	常见选材：家庭与学校的日常事件；选材新颖：家庭与学校生活之外的事件；有社会价值选材：文化和审美意义（传统、现代、科技、市场、艺术）	
中心（主题） （权重30％）	无中心（0） 中心不明确（5） 中心明确（10） 中心鲜明（5）（15） 中心深刻（5）（20）	中心明确：围绕中心选材，有中心句 中心鲜明：开头结尾点明中心、描写表现中心 中心深刻：产生烦恼的文化、心理根源	累计加分
表达方式 （权重30％）	叙事不完整（5） 叙事完整（10） 叙事中有描写（5）（15） 叙述描写较多（5）（20） 描写突出中心（5）（25） 描写与抒情结合（5）（30）	叙事完整：时间、地点、人物、开端、发展、结局 叙事中有描写：语言描写、心理描写、景物描写	

评价维度＼评价指标	具体标准	说明	备注
文章结构（权重 10%）	结构不完整（5） 结构完整（10） 开头与结尾呼应或点题（15） 开头与结尾追求特定的表达效果（20）	开头与结尾追求特定的表达效果：指运用悬念、渲染、空白、升华中心、抒情与议论结合、化用诗词……	累计加分
语言表达（权重 15%）	用词用句不准确（5） 用词准确（10） 用词用句丰富（5）（15） 修辞方法（5）（20）	用词丰富：书面词语句子较多 修辞方法：比喻、排比、对偶	

　　课题组根据表 5.1 的评分标准和确定的评价指标，对楚雄一中和德昌民族中学的教学实验作文进行量化处理，然后对核心目标与附加目标的得分数据进行分析。

（一）选材类型与分布

1. 楚雄一中实验作文《我的烦恼》选材情况

　　课题组对楚雄一中实验作文《我的烦恼》选材情况进行统计，实验班与对照班的选材情况见图 5.1。

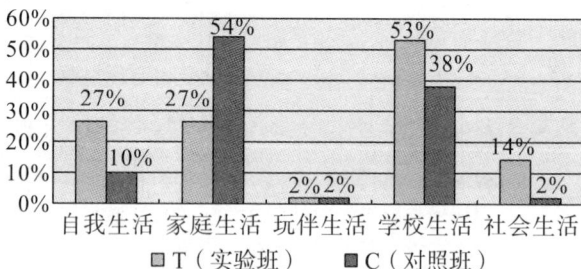

图 5.1　楚雄一中实验作文《我的烦恼》选材情况对比

　　注：部分学生选材既有家庭生活，也有学校生活。因此，选择不同题材的总人数大于班级实际人数。

从图 5.1 可见：无论是实验班还是对照班，学生选材主要集中在家庭生活和学校生活。选择家庭生活素材的比例分别达到 27％、54％；选择学校生活素材的比例分别达到 53％、38％；选择自我生活素材的比例分别是 27％、10％；选择玩伴生活素材的比例两个班均为 2％；选择社会生活素材的比例分别是 14％、2％。

以上数据统计情况与实验预期基本一致，因为这次作文实验对象是初一学生，他们日常主要活动范围是学校与家庭，关注点也主要是学校生活与家庭生活，尽管学生也会接触社会生活，但是学生往往是旁观者，对社会生活难以深入了解，只有一些特殊社会事件才会给学生留下深刻的印象。因此，实验数据也反映出学生真实的生活状态。

尽管学生选择社会生活的比例不高，但还是能看到实验班与对照班之间在选材方面存在的明显差异，实验班学生选择社会生活素材的比例为 14％，对照班学生选择社会生活素材的比例为 2％。可见，只要在作文教学中能够有意识地激活学生的社会生活体验，就能有效引导学生关注社会生活，也就意味着学生更容易发现文化生活素材与文化主题。尽管在日常生活中对于社会生活的体验是支离破碎的，学生难以发现其中蕴含的文化价值观，但是如果在日常教学中，教师能够有意识有计划地引导学生关注社会生活，开阔学生的生活视野，学生还是能够在日常生活中关注有价值的生活事件，并挖掘出其中蕴含的丰富的文化主题。

此外，学生选取具有彝族传统文化生活题材的比例也不高。究其原因是楚雄彝族地区的初中，虽然民族学生数量不少，但是绝大部分学生从小学习汉语，加之其日常生活环境与汉族学生没有明显差异，导致民族学生在写作的时候，难以写出具有独特民族风情的日常生活。

2. 德昌民族中学实验作文《我的烦恼》选材情况

课题组对德昌民族中学实验作文《我的烦恼》选材情况进行统计，实验班与对照班的选材情况见图 5.2。

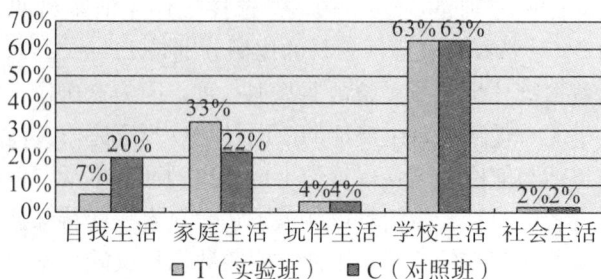

图 5.2 德昌民族中学实验作文《我的烦恼》选材情况对比

注：部分学生选材既有家庭生活，也有学校生活。因此，选择不同题材的总人数大于班级实际人数。

从图 5.2 可见：无论是实验班还是对照班，学生选材主要集中在家庭生活和学校生活。选择家庭生活素材的比例分别达到 33%、22%；选择学校生活素材的比例均为 63%；选择自我生活素材的比例分别是 7%、20%；选择玩伴生活素材的比例两个班均为 4%；选择社会生活素材的比例最低，都为 2%。

以上实验数据统计情况与实验预期出现巨大偏差，因为实验设计的核心目标之一就是让学生能够选择文化意义较为明显的社会生活素材。不过，仔细分析之后发现，这种情况情有可原。笔者到该校的一个层次较高的班级进行过一次作文教学，发现学生的汉语写作水平之低超出想象，对于部分初一学生来说不是写什么的问题，而是能不能写出来的问题。和学校老师交流才知道，不少学生进入小学后才开始学习汉语，偏远地区汉语教学水平又较低，因此到初中后，很多学生的汉语写作能力极低，能够把句子写出来就不错了。因此，本次实验中学生关注的是能不能写出来，能否把字数写够的问题，所以学生们基本上都选择了自己最熟悉的学校与家庭生活题材。

不过德昌民族中学民族学生较多，大部分都参与过民族生活事件，熟悉少数民族文化，如果能引导他们关注自己熟悉的社会生活事件，学生们应该能够写出文化主题鲜明的生活作文。

（二）主题类型分布

1. 楚雄一中实验作文《我的烦恼》主题情况

课题组对楚雄一中初一年级的实验作文《我的烦恼》的主题进行统计，实验班与对照班的主题情况如表5.2所示。

表5.2　楚雄一中实验作文《我的烦恼》主题情况

主题　　　　　　　　　　　班级	实验班	对照班
身体与性格的烦恼	√	√
学习（分数、马虎、贪玩）的烦恼	√	√
父母攀比	√	√
城市生活的烦恼	√	
尊老爱幼	√	
真诚	√	
团结合作	√	
世俗偏见	√	
时光易逝	√	
生活艰辛	√	
人情冷漠		√

从表5.2可以看出：实验班与对照班在主题数量方面存在较为明显的差异，实验班学生主题数量达到10个，对照班的主题数量仅仅4个；在主题内容方面，实验班学生的主题除涉及初一学生最为常见的学习烦恼、身体烦恼、父母带来的烦恼之外，还涉及城乡

生活差异、尊老爱幼、真诚、团结、生活艰辛、人情冷漠等非常具有社会价值的主题，其中不少主题具有明显的文化价值；对照班绝大部分学生的主题都局限于学习烦恼、身体烦恼、父母带来的烦恼，仅有一篇作文的主题是感叹人情冷漠。

从上面的分析也可以看出，在民族地区初中记叙文教学中，只要教师善于引导学生进行观察和思考，学生完全能够在日常生活中发现其蕴含的丰富的文化意义。当然，自我生活、学校生活与家庭生活也隐含丰富的文化意义，但是对于初一学生来讲还是难于发现的。相信通过逐步训练，学生应该能够逐渐从日常生活世界中发现文化意义，并在作文中进行文化立意。

2. 德昌民族中学实验作文《我的烦恼》主题情况

课题组对德昌民族中学的实验作文《我的烦恼》的主题进行统计，实验班与对照班的主题情况如表5.3所示。

表 5.3　德昌民族中学实验作文《我的烦恼》主题情况

主题＼班级	实验班	对照班
身体与性格的烦恼	√	√
学习（分数、马虎、贪玩）的烦恼	√	√
父母攀比	√	√
亲情	√	
友情	√	
助人为乐	√	
自私		√
责任		√
宽容	√	

从表5.3可以看出：实验班与对照班在主题数量方面没有明显的差异，实验班学生主题数量有7个，对照班的主题数量有5个，两个班级在主题数量上差异不明显；在主题内容方面，实验班与对

照班学生的主题都涉及初一学生最为常见的学习烦恼、身体烦恼、父母带来的烦恼，此外实验班同学还涉及初一学生最为常见的亲情与友情，而两个班级学生涉及的不常见的具有社会意义的主题也分别有 2 个，可见在主题内容方面实验班与对照班没有明显差异。

出现上述问题的原因是：德昌民族中学的大部分学生是民族学生，其汉语写作水平较低。同时由于抽象思维能力发展受到较大局限，学生难以从具体的生活事件中抽象出各种主题，因此学生写作素材集中在家庭生活与学校生活，只能够概括简单的叙事，于是就出现了选材集中、主题集中的现象。因此，对此阶段学生首先需要培养其汉语基本表达能力，训练学生用简单而准确的语言表达自己最为熟悉的生活。

（三）表达方式、结构与语言情况

1. 楚雄一中实验作文《我的烦恼》表达方式、结构与语言情况

课题组对楚雄一中和德昌民族中学初一年级的实验作文《我的烦恼》的表达方式、结构与语言的情况进行统计，实验班与对照班的对比情况见图 5.3。

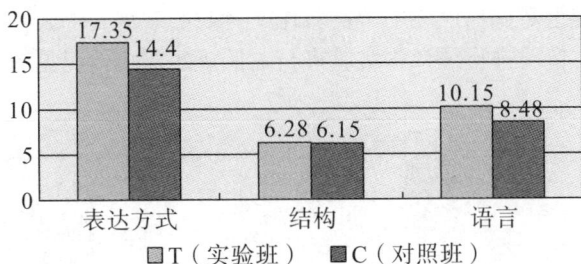

图 5.3　楚雄一中实验作文《我的烦恼》表达方式、结构与语言情况对比

从图 5.3 可以发现：实验班和对照班在作文表达方式方面出现明显差异，差异分值达到 2.95 分；语言表达方面也出现较为明显的差异，差异分值达到 1.67 分；在结构方面两个班得分非常接近，

差异分值仅为 0.13 分。

楚雄一中实验作文《我的烦恼》表达方式、结构与语言实验情况与实验设计目标基本一致。在教学设计中设计了表达方法这一环节，要求学生思考回答"这件事中哪些地方（环境、情节、动作、语言、神态、心理）能够表达主题？比如，你把某人的缺点（中心）表现得越具体越生动，读者也就越能够感受到你的烦恼（切题）。"因此，不少学生能够在作文中运用具体描写来刻画人物，表达主题。

在教学设计中设计了语言表达这一环节，为学生们提供了一些名言佳句，但由于这些名言佳句指向写作内容而非写作语言表达技巧，因此在提升学生语言表达能力方面难以发挥较大作用。在实验数据分析中也发现该环节设计在提高学生修辞方法运用方面未发挥更为充分的作用。

在结构表达方面，实验班与对照班此项得分都较低，未出现明显差异。由于本次教学未涉及结构方面的教学内容，这种情况还是较为正常的。

2. 德昌民族中学实验作文《我的烦恼》表达方式、结构与语言情况

课题组对德昌民族中学实验作文《我的烦恼》的表达方式、结构与语言情况进行统计，实验班与对照班的对比情况见图 5.4。

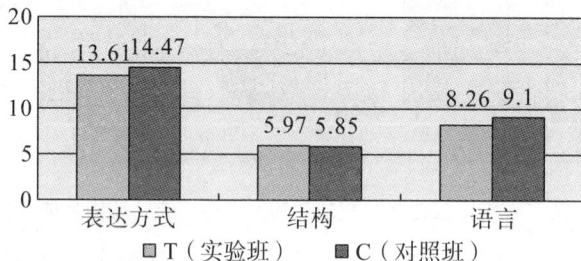

图 5.4　德昌民族中学实验作文《我的烦恼》表达方式、结构与语言情况对比

从图 5.4 可以发现：德昌民族中学实验班和对照班在表达方

式、结构与语言三个方面得分情况较为接近，而且在表达方式与语言这两项得分上出现实验班低于对照班的情况。

笔者对实验班与对照班的实验作文情况进行分析后认为：这次德昌民族中学实验效果不好，问题在于学生汉语写作水平都很低，而教学实验目标太多，显然会影响实验效果。因此，在接下来的教学实验中，将简化教学实验目标，聚焦素材选择与立意方面，以及课题设计的附带目标（如表达方式、结构与语言等），仅选择普遍存在的问题在集中教学实验中予以关注，其余问题则分散至实验教师的日常作文教学之中。

第三节　第二次集中教学实验情况

第二次教学实验于 2017 年 4 月在楚雄彝族自治州第一中学与凉山彝族自治州德昌民族中学进行。楚雄一中参加实验的班级有 4 个，共计 208 人；德昌民族中学参加实验的班级有 4 个，共计 221 人。

本次教学实验设计的题目有两个，初一年级的作文题目是《我的一天》，初二年级的作文题目是《……真……》。前一个作文的题目是让学生有话可说，但学生非常容易写出流水账（这是德昌民族中学学生较为普遍的问题）。后一个题目是与前一个题目一样具有很大的开放性，便于学生选取丰富的材料。

一、初一年级实验作文《我的一天》教学设计

（一）教学实验设计

教学目标：

（1）准确审题（基本目标）。

（2）选材广泛（基本目标）。

（3）写一件具体的事情（基本目标）（重点）。

（4）中心明确（发展目标）（难点）。

说明：可以根据学生情况确定目标（3）和（4）哪个是重点，教学重点需花费最多时间。

教学时间：1 课时

教学过程：

（1）审题与选材（12 分钟）。

同学们：《我的一天》是不是很好写？你认为该写什么？

预设：早上到中午到晚上大大小小的事情（流水账）。如果没有猜错，很多同学就会写：早上起床上学、上课、放学，下午上课、下课、吃饭，晚上自习、写作业、休息。这样写虽然与题目吻合，但这样写作文是流水账，是废话（虽然是真实情况）。

明确：《我的一天》是写这一天中发生的一件重要事情，或有价值的事情。有同学可能会写：某一天早上气温突降，爸爸或妈妈送衣服到学校，晚上离开教室，穿着父母送来的衣服我从里到外都感到温暖。

虽然这件事情有价值，但有一个问题，你们从小学到中学写爸爸妈妈送衣服的事情有多少次了。这样重复，读者（或改作文的老师）就会厌烦，就好像你天天吃馒头，虽然馒头营养好，最健康，但现在让你选馒头还是面包，可能你会毫不犹豫地选择面包。因此，我们写作文还要选新颖的、与众不同的材料，才能吸引读者。

有人罗列过中小学学生作文现象：班上的同学基本上都扶过盲人；被救起的受伤小狗、小猫、小鸟可以组成一个动物园了；人基本上都是樱桃小嘴大眼睛；为了献爱心，砸了无数个存钱罐，妈妈笑了，我也笑了；"雨中送伞"真意外真感动……

明确：作文应写一件有意义（难忘、幸福、快乐、激动、痛苦、好奇、内疚……）的事情，因为这件事情让这一天成为与众不同的一天，别人感到新鲜的一天……比如说"你上山采蘑菇的一天""你去庙里祭拜的一天""你去迎亲或送亲的一天""你第一次远行的一天""节日快乐的一天"……

请同学们根据下面的提示回忆：发生印象深刻事情的一天。

时间	学前、小学、初中、周末、节日、假期、黄昏、黎明、深夜、正午	你想起印象深刻的事情是：时间：地点：
地点	学校、家里、村子里、山上、小河里、商店里、集市上	
环境	风雨中、雪夜、春天、秋天、酷暑、寒冬……	人物：起因：
事件	婚丧、祭祀、做法事、玩游戏、劳动、纠纷、旅游、爬山、过节、外出、偷东西、破坏环境、损坏公物、逃课、乱穿公路、看到小偷不敢做什么……	经过：结果：
人	家人、长辈、邻居、小伙伴、网友、路人、司机、小商小贩、警察、小偷、保安、拾荒者、环卫工人、医生、骗子、陌生人……	

（2）写一件具体的事情（15 分钟）。

环节 1：同学们，选好材料之后，写一件事最大的问题是什么？假如你写"偷土豆"的片段，会怎样写？有什么问题？

预设 1：叙事笼统，写不长，几句话就写完了。

预设 2：无中心。

环节 2：同学们，中考作文的第二个评分标准，就是要写得具体。你刚才写的内容具体吗？实际上，你们学过的课文《社戏》中，鲁迅先生写小朋友们"偷罗汉豆"的片段就非常精彩：

离平桥村还有一里模样，船行却慢了，摇船的都说很疲乏，因为太用力，而且许久没有东西吃。这回想出来的是桂生，说是罗汉豆正旺相，柴火又现成，我们可以偷一点来煮吃。大家都赞成，立刻近岸停了船；岸上的田里，乌油油的都是结实的罗汉豆。【起因】

"阿阿，阿发，这边是你家的，这边是老六一家的，我们偷那一边的呢？"双喜先跳下去了，在岸上说。

我们也都跳上岸。阿发一面跳，一面说道，"且慢，让我来看一看罢，"他于是往来地摸了一回，直起身来说道，"偷我们的罢，我们的大得多呢。"一声答应，大家便散开在阿发家的豆田里，各摘了一大捧，抛入船舱中。双喜以为再多偷，倘给阿发的娘知道是要哭骂的，于是各人便到六一公公的田里又各偷了一大捧。

我们中间几个年长的仍然慢慢地摇着船，几个到后舱去生火，年幼的和我都剥豆。不久豆熟了，便任凭航船浮在水面上，都围起来用手撮着吃。吃完豆，又开船，一面洗器具，豆荚豆壳全抛在河水里，什么痕迹也没有了。双喜所虑的是用了八公公船上的盐和柴，这老头子很细心，一定要知道，会骂的。然而大家议论之后，归结是不怕。他如果骂，我们便要他归还去年在岸边拾去的一枝枯柏树，而且当面叫他"八癞子"。

"都回来了！那里会错。我原说过写包票的！"双喜在船头上忽而大声地说。

我向船头一望，前面已经是平桥。桥脚上站着一个人，却是我的母亲，双喜便是对伊说着话。我走出前舱去，船也就进了平桥了，停了船，我们纷纷都上岸。母亲颇有些生气，说是过了三更了，怎么回来得这样迟，但也就高兴了，笑着邀大家去吃炒米。

讨论：

问题1：与自己的作文比较，这里"偷罗汉豆"写得很具体生动，为什么？

明确：作者具体的动作、语言描写；自己笼统，没有语言、动作、心理、环境描写。

问题2：仿写（注意括号里的写法，去掉后效果有何变化）。

阿发（一面跳，）一面说道，"且慢，让我来看一看罢，"他于是（往来地摸了一回，直起身来）说道，"偷我们的罢，我们的大得多呢。"（明确：单纯、可爱）

（3）围绕中心定详略（12分钟）。

同学们，刚才的材料中，围绕偷罗汉豆这一中心事件，可以写的人和事也很多，比如：××偷得最多，"我"偷得最慢，某人摔跤，××偷罗汉豆的动作……但作者重点写了：阿发让偷自己家的、双喜担心被骂、大家商量对策。因为这些事情能够看出阿发的"淳朴"、双喜的"有心眼"，能从他们的语言、动作里看出孩子们的单纯、天真、可爱，也让这一天成为作者记忆中最美好的一天。

问题1：想一想，你写这一件事情的中心是什么？因为什么（感受到什么、明白了什么）让这一天有意义？可以与同学、老师交流。

问题2：你作文的中心（什么道理、怎样的人）是什么？哪些动作、语言、心理、环境描写能表现（看出）你作文的中心？

（二）教学实验数据统计

本次教学实验从五个方面收集实验数据：选材（话题）、主题、结构、语言和表达效果。前面两项指标是核心指标，后面三项为辅助性目标。在分数赋值方面与中考作文评分标准有一致的地方，也有不一致的地方。具体评分指标如表5.4所示。

表5.4　实验作文《我的一天》评分标准

评价维度 ＼ 评价指标	具体标准	说明	备注
作文选材（权重15%）	选材常见（10） 选材新颖（15） 选材有社会价值（20）	选材常见：家庭与学校的日常事件 选材新颖：家庭与学校生活之外的事件 选材有社会价值：文化和审美意义（传统、现代、科技、市场、艺术）	累计加分
中心（主题）（权重30%）	无中心（0） 中心不明确（5） 中心明确（10） 中心鲜明（5）（15） 中心深刻（5）（20）	中心明确：围绕中心选材，有中心句 中心鲜明：开头结尾点明中心、描写表现中心 中心深刻：产生烦恼的文化、心理根源	

评价维度 ╲ 评价指标	具体标准	说明	备注
表达方式 （权重30%）	叙事不完整（5） 叙事完整（10） 叙事中有描写（5）（15） 叙述描写较多（5）（20） 描写突出中心（5）（25） 描写与抒情结合（5） （30）	叙事完整：时间、地点、人物、开端、发展、结局 叙事中有描写：语言描写、心理描写、景物描写	累计加分
文章结构 （权重10%）	结构不完整（5） 结构完整（10） 开头与结尾呼应或点题（15） 开头与结尾追求特定的表达效果（20）	开头与结尾追求特定的表达效果，指运用悬念、渲染、空白、升华中心、抒情与议论结合、化用诗词……	
语言表达 （权重15%）	用词用句不准确（5） 用词准确（10） 用词用句丰富（5）（15） 修辞方法（5）（20）	用词丰富：书面词语句子较多 修辞方法：比喻、排比、对偶	

根据上面的评分标准，对楚雄一中和德昌民族中学教学实验作文进行量化，然后对核心目标与附加目标的数据进行分析。本次实验将楚雄初一年级一个班设置为对照班，选取了楚雄一个班和德昌一个班的实验数据进行统计分析，更能发现实验存在的问题。

1. 选材类型与分布

（1）楚雄一中实验作文《我的一天》选材情况

图5.5是楚雄一中教学实验班（T1）和对照班（C1）实验作文《我的一天》选材情况的对比。

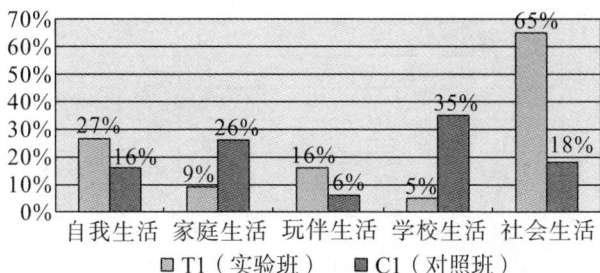

图 5.5　楚雄一中实验作文《我的一天》选材情况对比

注：部分学生选材既有家庭生活，也有学校生活。因此，选择不同题材的总人数大于班级实际人数。

从图 5.5 可以发现：无论是实验班还是对照班，学生在选材方面都呈现明显差异。按照选材比例高低排序，实验班依次是社会生活（65%）、自我生活（27%）、玩伴生活（16%）、家庭生活（9%）、学校生活（5%）。对照班依次是学校生活（35%）、家庭生活（26%）、社会生活（18%）、自我生活（16%）、玩伴生活（6%）。从这里可以看出，对照班学生选择学校生活和家庭生活的比例达到 61%，接近三分之二，这与普通中学学生作文的选材情况基本一致。但实验班选择社会生活的学生比例达到 65%，远远超过对照班的 18%。

楚雄一中这次教学实验，证明了通过教师引导，能够解决初中学生作文选材局限于家庭生活与学校生活的问题，从选材的角度看这次实验是非常成功的。当然，这也与学生的基础有关，因为楚雄一中的学生写作基础较好，学生能够在教师的引导下激活自己已有的社会生活体验，并能够较为顺畅地表达出来。

（2）楚雄一中与德昌民族中学实验作文《我的一天》选材情况

图 5.6 是德昌民族中学教学实验班（T2）和楚雄一中对照班（C1）实验作文《我的一天》选材情况的对比。

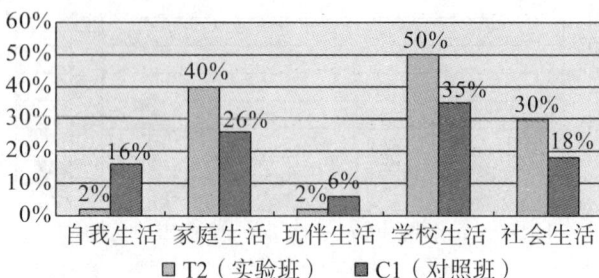

图 5.6　德昌民族中学实验班与楚雄一中对照班实验作文选材情况对比

注：部分学生选材既有家庭生活，也有学校生活。因此，选择不同题材的总人数大于班级实际人数，有时超过比例还较突出。

从图 5.6 可以发现：无论是德昌民族中学实验班还是楚雄一中对照班，学生选材主要集中在家庭生活和学校生活，家庭生活素材比例分别达到 40％、26％，学校生活素材分别达到 50％、35％。显然，德昌民族中学的教学实验未能很好地解决学生选材千篇一律，选材局限于学校生活与家庭生活这一普遍存在的问题，还需要进一步思考如何解决这一问题。

不过，在德昌民族中学开展的教学实验中也有可喜的一面，尽管选择社会生活事件作为作文内容的比例不高，但是实验班选择社会生活作为写作内容的比例达到 30％，远远超过楚雄一中的对照班。这也说明，在学生汉语写作基础较差的民族中学，尽管引导学生关注社会生活开展文化生活作文教学存在较大难度，但还是很有可能实现的。

2．主题类型分布

楚雄一中与德昌民族中学实验作文《我的一天》主题情况对比见表 5.5。

表 5.5　楚雄一中与德昌民族中学实验作文《我的一天》主题情况

主题＼班级	实验班（T1）	实验班（T2）	对照班（C1）
师生情	√	√	√

主题 　　　　　班级	实验班（T1）	实验班（T2）	对照班（C1）
热爱自然	√	√	√
自律	√		√
童趣	√		√
亲情		√	√
关爱与冷漠	√		√
友情		√	
珍爱和平	√		
孝敬父母		√	
珍爱劳动	√		
抵制诱惑	√		
爱国	√		
关爱动物			√
乐于助人		√	
奉献	√		
公平	√		
感恩	√		
生活艰辛	√		
战争与杀戮	√		
智慧	√		
反抗邪恶	√		
挑战自我			√
沉着冷静	√		

主题 ＼ 班级	实验班（T1）	实验班（T2）	对照班（C1）
坚持			√
坚强			
宽容		√	
批判落后教育观		√	

从表5.5可以发现：楚雄一中初一年级教学实验班的不同主题已达到17个，不仅数量多，而且内容十分丰富，有关于"亲情""友情""师生情""关爱动物"这些常见的主题，也有与文化价值观紧密关联的主题，如"孝""爱国""和平""正义""感恩""公平""宽容"等主题。初一学生能够从支离破碎的社会生活中发掘这些主题，也意味着能够通过生活作文进行文化对话。

楚雄一中初一年级教学对照班出现9个不同主题，其中有4个主题局限于"亲情""友情""师生情""童趣"，而具有文化价值意义的主题仅有"人情冷暖""关爱动物"两个。虽然楚雄一中学生的写作基础较好，但是缺乏教师的引导，学生还是难以发现生活世界的文化意义，也就难以进行文化反思与对话。由此可见，作文基础较好的学生，同样需要教师采用适当的方式引导，才能使学生在作文中形成丰富的具有社会意义价值的主题，避免作文主题大同小异的问题，并让作文成为民族地区学生文化精神建构的关键途径。

德昌民族中学初一年级教学实验班的不同主题只有8个，与楚雄一中对照班相比，主题数量差不多，也是"亲情""友情""师生情"等主题。但仔细比较会发现，德昌民族中学初一年级学生已经出现了"孝敬""乐于助人""宽容""批判落后教育观"等4个极具文化价值的主题，这也就意味着在学生汉语写作水平较差的民族中学同样可以开展文化生活作文教学。在教学中引导学生发现生活世界的文化意义，在文化对话中培育学生的文化精神。

3. 表达方式、结构与语言情况

（1）楚雄一中实验作文《我的一天》表达方式、结构与语言情况（见图 5.7）。

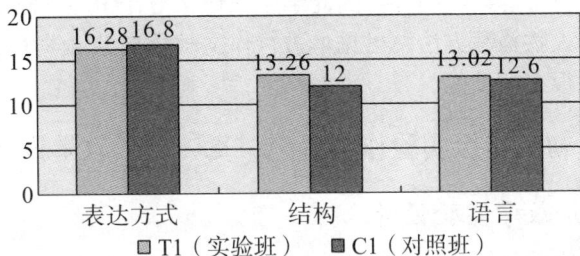

图 5.7 楚雄一中实验作文《我的一天》表达方式、结构与语言情况对比

从图 5.7 可以发现：楚雄一中实验班与对照班，学生在作文表达方式、结构与语言上未出现明显差异。虽然在作文教学设计中加强了具体描写的指导，但两个班该项得分非常接近。出现这种情况的原因是：楚雄一中学生写作基础较好，学生已经普遍掌握具体描写的方法，实验方案进行的指导只是对个别写作能力偏弱的学生有效。

（2）德昌民族中学与楚雄一中实验作文《我的一天》表达方式、结构与语言情况（见图 5.8）。

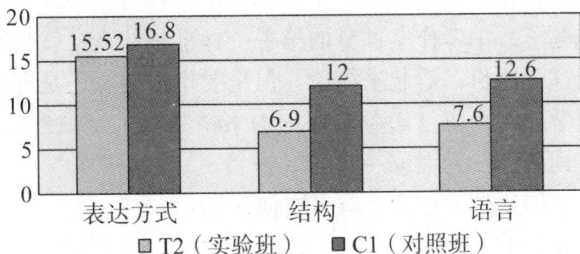

图 5.8 德昌民族中学与楚雄一中实验作文《我的一天》表达方式、结构与语言情况对比

从图 5.8 可以发现：楚雄一中对照班学生在作文表达方式、结构与语言等方面都优于德昌民族中学实验班学生，其中表达方式高 1.28 分，结构高 5.1 分，语言高 5 分。在表达方式上的差距不如结构和语言明显，原因在于德昌民族中学实验班在教学实验中对具体描写进行了专门的指导，因此学生在作文写作中能够注意运用一些常见的人物描写方法。可见，进行作文教学指导对学生作文能力的提升是很有帮助的。

二、初二年级实验作文《……真……》教学设计

（一）教学实验设计

教学实验目标：

（1）准确审题（基本目标）。

（2）选材广泛（基本目标）。

（3）写一件具体的事情（基本目标）（重点）。

（4）中心明确（发展目标）（重点，难点）。

说明：可以根据学生情况确定目标（3）和（4）哪个是重点，重点花费的时间最多。

教学时间：1 课时

教学过程：

（1）审题（5 分钟）。

写作文最糟糕的事情莫过于：你辛辛苦苦写了半天，最后不知道自己跑题了。中考作文评分的第一个标准是什么？就是要符合题意。今天这个题目，看起来简单，但是要审清题意还是有难度的。

请同学们结合自己印象最深刻的事情或人物，试一试在"真"前后填上词语。然后大家一起分享。

请同学们比较下面两个题目有何区别：

西瓜真好吃　　　　　　西瓜好吃

听奶奶讲故事真好　　　　听奶奶讲故事好

明确："真"表示自己很喜欢、很渴望、很怀念、很希望、很

讨厌、很遗憾、很惋惜、很无奈……感受很深，感情非常强烈。所以，这次作文更应该写你印象最深刻的人或事情。

（2）选材（10分钟）。

同学们，刚才没有写类似"妈妈真好、爸爸真好、老师真好、同学××真好"这些题目的，请举手。

（预测：写类似题目的同学比例一定很高）

如果你去看别人写的文章，喜欢看什么故事？王小明生病，妈妈送她去医院（太熟悉、太陈旧）；王小亮扶老人过街（假）；王小二同学抓歹徒（假）。显然，这些你都不会喜欢。

明确：作文选材要写别人想知道、感兴趣的真人真事。比如，你老家那座山或那座庙的故事、看到小学同学（离家）打工（返乡）的故事、父亲外出打工、父亲开出租车、老家的祭祀活动、端午节吃咸鸭蛋、邻居吵架打架、邻居丢失牛、火把节、乡村的萧条、留守儿童与老人的故事、小时候的秘密（打鸟、偷吃的）……这些人这些事都是别人想知道、感兴趣的真人真事。

完成任务清单（略）。

（3）围绕中心写一件具体的事情（10分钟）。

同学们，大家都熟悉"猪八戒"，其最大的特点是自私。假如让你通过写猪八戒吃东西来表现其自私（中心），你会怎样写？

【学生写5分钟】

预设：学生无法展开，作文内容不具体、不生动。

同学们：中考作文第二个评分标准，就是要写得具体。你刚才写的内容具体吗？实际上，就是喜欢吃西瓜这个片段，有人就写了两三千字。而且，你们也会非常喜欢看。

八戒等他走了，就在大杨树边躺下。一阵清风吹来，十分凉快。他正想睡一会儿，忽然看见山脚下，有个绿油油的东西被阳光照得闪闪发光。八戒连忙起来，走过去一看，原来是个大西瓜。八戒心里高兴极了。

八戒把大西瓜搬到树下，拔出刀来，正想要切又放下了，嘴里说："师父和沙僧在庙里等着呢，我不能自己一个人吃了这个大西瓜。"他想不吃，可又实在嘴馋，眼睛看着这个绿油油的大西瓜，嘴里直流口水。他忍不住举起刀来，把西瓜切成四块。一边又说："师父！我把这西瓜切成四块，我先吃自己的一块，也说得过去。"说着拿起一块，大吃起来。

再说行者回到原来的地方，正要落下，忽然一想："慢着，让我先看看八戒在干什么。"就停在半空中，从云缝里往下看，正巧看见八戒捧着一块西瓜在大吃。

行者想："好小子！找到大西瓜，躲在这里一个人吃，把师父和咱们都忘了。"正想下去说话，看见八戒吃完一块，嘴里不知在说些什么，便停住细听。只听见八戒说："一块瓜不解渴，我再把猴子的一块吃了吧！留下两块给师父和沙僧，也说得过去。"行者听了心想："难得他还记得师父和沙僧，就吃了给我的一块，也不去说他了。"只见八戒几口就把那块西瓜啃完了，接着又说："可越吃越想吃了，嗨！我把沙僧的那块也吃了吧，给师父留下一块。"说着又捧起一块吃起来。行者看了心想："这傻子也真贪吃。总算他还记得师父。"这边行者在空中想，那边八戒又把一块西瓜啃光了。想不到他捧起最后一块西瓜来说："师父，师父！不是老猪不留给你吃，一来是老猪实在口渴；二来拿回去一块西瓜也不好意思，就让我代你吃了吧。"说着就把西瓜往嘴里送。行者看得又好气又好笑，心里骂着："馋猪！有了吃的，什么都忘了！"便在空中叫了声："八戒！"

八戒听见有人叫他，心慌了，捧着西瓜，不知怎么办好……

讨论：

问题1：这里把吃西瓜写得很具体生动，为什么？

明确：具体的动作、语言、心理描写。

问题2：自己的问题在哪里？如何才能写得具体生动？

明确：笼统，没有语言、动作、心理、环境描写。

问题3：具体描写的目的是什么？

明确：为了具体、形象地表现中心，所以描写猪八戒吃西瓜的动作、语言、心理，从中都能够看出它的性格特点，其他的事情就不用写了，比如瓜地的主人、师父与沙僧。

（4）找你感兴趣的句子仿写。

我突然发现了火把，起初零零星星，眨眼之间又冒出许许多多，紧接着火把便成了一条鲜活的火龙。这条火龙在蜿蜒的山间小路游动，且都慢慢向寨子的"都格德"（火把节集会之地）汇合……

人们喜笑颜开，轮流将手中的火把扔进一堆用树干架起的篝火里，于是，篝火熊熊燃烧，火焰腾空，山寨通明，欢声笑语在山里久久回荡。微风吹起，篝火变幻姿态，时而像龙腾，时而像狮舞，时而像马奔……舞动成今夏最美最美的灿烂之花。

那夜的篝火真温暖。

彝家一年一度的"火把节"，犹如"狂欢节"一样的热情，犹如"情人节"一样浪漫，犹如家乡一年一度盛开的满山遍野的杜鹃花一样，一丛丛、一簇簇，缀着红、缀着紫的花，总是那么灿烂，百看不厌，让人流连忘返。

发给学生的教学材料：①"猪八戒吃西瓜片段"的材料；②任务清单（略）。

（二）教学实验数据统计

本次教学实验同样从五个方面收集实验数据：选材（话题）、主题、结构、语言和表达效果。前面两项指标是核心指标，后面三项为辅助性目标。在分数赋值方面与前面实验一致。

1. 楚雄一中教学实验数据统计与分析

（1）楚雄一中实验作文《……真……》选材情况（见图5.9）。

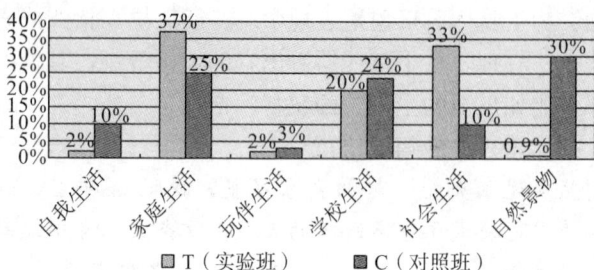

图 5.9　楚雄一中实验作文《……真……》选材情况对比

注：部分学生选材既有家庭生活，也有学校生活。因此，选择不同题材的总人数大于班级实际人数。

从图 5.9 可以发现：无论是实验班学生还是对照班，学生在选材方面都呈现明显差异。按照选材比例高低排序，实验班依次是家庭生活（37%），社会生活（33%），学校生活（20%），玩伴生活（2%），自我生活（2%），自然景物（0.9%）。对照班依次是自然景物（30%），家庭生活（25%），学校生活（24%），社会生活（10%），自我生活（10%），玩伴生活（3%）。

从这里可以看出，实验班学生选择家庭生活素材的达到 37%，超过了选择社会生活和学校生活素材学生的比例。同时也可以看出，教学实验设计有效拓展了学生作文选材的范围，让更多的学生在写作中关注社会生活。按理说，初二年级教学实验的效果应该好于初一年级，但是与初一教学实验班相比，选择社会生活素材的学生比例还是明显偏低。笔者分析认为，这可能与初二教学实验题目难度有关，初一教学实验作文题目虽然是全命题，但选择内容非常广泛，初二实验作文为半命题作文，但是要把作文题目补充好需要学生努力才能完成，在一定程度上影响了学生在材料选择上的思考。

对照班学生选择自然景物作为作文素材的比例达到 30%，也超过选择家庭生活和学校生活素材学生的比例。从这里也可以看出，对照班教师在教学中对学生选材进行了一定的指导，并起了明显的作用。

（2）楚雄一中实验作文《……真……》主题情况（见表5.6）。

表5.6　**楚雄一中实验作文《……真……》主题情况**

主题　＼　班级	实验班	对照班
亲情	√	√
奉献	√	√
友情	√	√
人情冷漠	√	
品行端正	√	
乡情	√	
真诚	√	
团结合作	√	
付出与收获	√	
自由	√	
奋斗	√	
善良	√	
感恩	√	
自律	√	
热爱自然		√
赞扬科技	√	
顽强		√
自信		√

从表5.6可以发现：楚雄一中初二年级教学实验班的不同主题已达到15个，不仅数量多，而且内容十分丰富，既有"亲情""友

情"等这些常见主题，也有与文化价值观紧密关联的主题，如"人情冷漠""自由""品行端正""自律""团结合作""感恩""真诚""善良""奉献""赞扬科技"等主题。

对照班出现 6 个不同主题，其中有 4 个局限于"亲情""友情""乡情"，而具有文化价值意义的主题仅有"奉献"1 个。可见这一次教学实验还是有明显效果，这也进一步证明在民族地区初中开展文化生活作文教学改革是必要的而且是有效的。

（3）楚雄一中实验作文《……真……》表达方式、结构与语言情况（见图 5.10）。

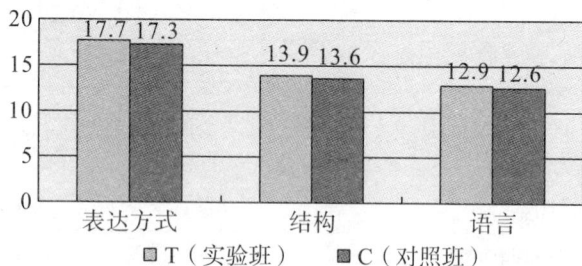

图 5.10　楚雄一中实验作文《……真……》表达方式、结构与语言情况对比

从图 5.10 可以发现：楚雄一中实验班与对照班在表达方式、结构与语言方面未出现明显差异。本次教学实验在核心目标的基础上增加了两个目标：一是具体描写；一是运用写作方法。同样，由于楚雄一中学生已经普遍掌握具体描写的方法，因此在表达方式这一项得分上不会有明显差异。由于写作方法未纳入评价指标，这里就不再赘述。

2. 德昌民族中学教学实验数据统计与分析

（1）德昌民族中学实验作文《……真……》选材情况（见图 5.11）。

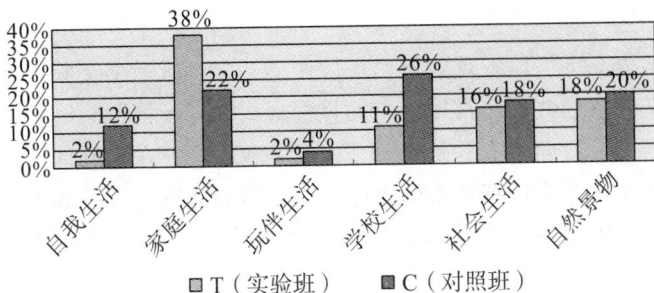

图 5.11 德昌民族中学实验作文《……真……》选材情况对比

从图 5.11 可以发现：德昌民族中学初二实验班和对照班，学生在选材的有些方面出现明显差异，比如在学校生活与家庭生活的选材上，但这种差异还是仅限于家庭与学校生活。从这里可以看出，引导学生观察社会，了解社会生活的确有一些难度。这也是需要在下一次教学实验中着力解决的问题。

（2）德昌民族中学实验作文《……真……》主题情况（见表5.7）。

表 5.7 德昌民族中学实验作文《……真……》主题情况

主题＼班级	实验班	对照班
亲情	√	√
乡情	√	√
热爱自然	√	√
时间流逝	√	
传统文化消失	√	
助人为乐	√	
节日快乐	√	
帮助弱者		√
城乡差距		√
贪婪		√

从表 5.7 可以发现：德昌民族中学初二年级教学实验班和对照班作文的主题数量非常接近，而且都聚集在"亲情""乡情""热爱自然"三个方面。实验班出现了"传统文化消失""节日快乐"这种传统文化意义特别鲜明的主题，这也表明彝族地区民族中学是能够引导学生对传统文化进行反思，实现传统文化与现代文化的对话的。

（3）德昌民族中学实验作文《……真……》表达方式、结构与语言情况（见图 5.12）。

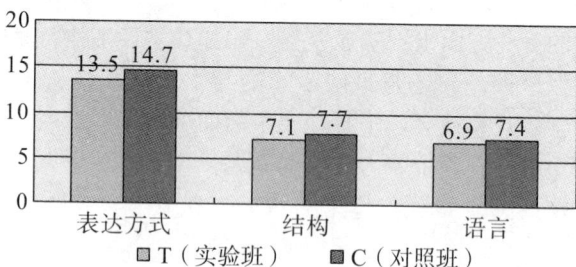

图 5.12　德昌民族中学实验作文《……真……》表达方式、结构
与语言情况对比

从图 5.12 可以发现：德昌民族中学实验班与对照班，学生在表达方式、结构与语言方面未出现明显差异。虽然本次教学实验还是在强调具体描写，但此项得分仍未出现明显差异，甚至实验班得分还略低，实验效果不好，因此需要继续研究并提出相应的解决方案。

在楚雄一中开展的第二次教学实验效果良好，完全能够证明在民族地区可以开展文化生活作文教学。而德昌民族中学的教学实验效果不好，也意味着在教育相对落后的民族中学开展文化生活作文教学的确面临许多问题，这也是接下来研究的重点。

第四节　第三次集中教学实验情况

由于楚雄一中教学实验效果良好，因此课题组就不再在楚雄一中集中展开教学实验，而是让楚雄一中参与教学实验的教师自己继续展开教学实验，解决教学中存在的语言、结构、写作手法等问题。课题组则针对德昌民族中学的问题，继续集中开展教学实验。

本次实验确定的作文题目是《我经历过这样一件事》，实验对象是德昌民族中学初二学生，实验时间是 2017 年 10 月。

一、教学实验设计

作文题目：《我经历过这样一件事情》（初二）

教学目标：选材有新意、围绕中心叙事、具体叙事

教学重点：选材有新意

教学难点：围绕中心叙事

教学时间：40 分钟

教学过程：

（1）审题。

提问：作文题目《我经历过这样一件事情》中哪些词语容易忽略？为什么？

（2）选材。

启发：作文一定要写你亲身经历过的、印象最深刻的事情，这样你才会有话可说，不用挖空心思胡编乱造。

想一想，在你和别人、你和自然、你和动物之间发生过哪些印象最深刻的事情？

想一想，哪一件事情最有新意？

如果你去听别人讲故事，是喜欢听一个你感到新鲜的故事还是一个你已经熟悉的故事？别人看你作文也是如此，喜欢看他不清楚、感到好奇的故事，不喜欢看许多同学经常都在写的事情。比

如：因为生病爸爸妈妈送我去医院，同学帮我补课，老师在学习上严格要求我……这些事情大家都熟悉，老师其实更喜欢听你讲一些有新意的故事。比如：你做过的坏事与好事、看见邻里纠纷、参加做法事的真实过程与感受、打工返乡的亲人朋友的故事、斗牛的热闹与快乐、参与神秘祭祀的感受、被人漠视与嘲笑、一次纠纷（家族、邻里、父子）是如何化解的、你夏天在庄稼地里的劳动过程和你的心理、你第一次外出的过程和你的心理……

请你从你想起的事情中选一个有新意的材料，并说说理由。

（3）围绕中心叙事。

提示：写作文需要有中心。中心就是作文中你要表达的主要道理、观点、看法、情感。一般来说，作文中直接表示中心的句子只有一两句，在开头或结尾。中心更多需要通过具体的材料表现出来，也就是从材料看出。比如：你想表现一个人"勇敢"，那么你会通过一些能够看出其勇敢的事情，比如：＿＿＿＿＿＿＿，并把他在这些事情中能够明显表现出勇敢的动作、神态、声音、表情用文字表达出来，让读者好像听到他的声音与语气，看到他的表情与动作。

审视你选择的材料，你想告诉我们什么？

一些人（包括自己）的内心世界与品质：喜怒哀乐、爱与恨；善良、邪恶；勇敢、怯弱；自私、无私；虚伪、真诚；冷漠、热情；勤劳、懒惰；愚昧、智慧；有责任感、滑头滑脑；热闹与孤独、艰辛与幸福……

一些道理：要有规则意识，要有法制意识，要有环保意识，要与自然和谐相处，要热爱传统文化精神（孝敬、感恩、友善、团结），要反对迷信、自私、重男轻女，要善待动物，保护生态……

你选取的事情能否表现你确定的中心？哪些地方能具体表现（如见其人、闻其声）中心？

事情范围	时间与地点	印象深刻	新意	围绕中心	完成情况
人与人（父母、爷爷奶奶、邻居、老师、同学、外出打工者、新郎新娘、毕摩、警察、司机、商贩、外卖哥、环卫工人、乞丐……）人与动物 人与自然（种地、收割庄稼、损坏花草、环境破坏）	节日（中秋、火把节、春节、彝族年节、清明、端午、鬼节……）婚丧嫁娶时 幼年、小学、初中	最开心或幸福的事情		1. 中心是什么？	
		最内疚或后悔的事情			
		最伤心或难过的事情			
		最害怕的事情		2. 最想要写的部分？从哪些方面描写？	
		最愤怒的事情			
	学校、家庭、田间地头、大街小巷、大山里、小河边、祠堂、寺庙、斗牛场……	最矛盾或纠结的事情			
		最疑惑的事情			
		最有启发的事情（明白道理）			

二、教学实验数据统计与分析

（一）实验作文选材情况（见图 5.13）

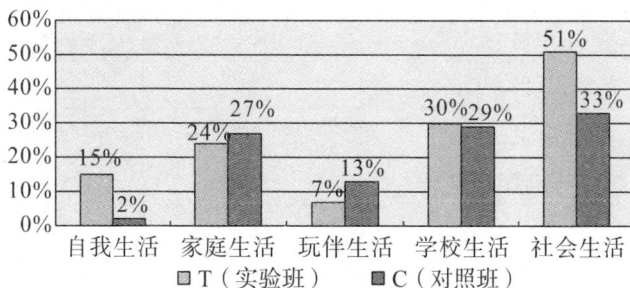

图 5.13 **实验作文选材情况对比**

从图 5.13 可以发现：实验班与对照班学生在社会选材方面呈现明显差异，实验班学生选取社会生活题材的比例达到 51%，对照班学生选取社会生活题材的比例为 33%。不过，实验班与对照班的学生选取学校生活和家庭生活题材的比例依然偏高。此次实验表明：在学生汉语写作水平较低的彝民族地区初中，只要教师逐步引导学生关注社会生活，学生还是能够逐渐从琐碎的社会生活中发现有价值的生活事件，为其进行文化反思奠定基础。

（二）实验作文主题分布情况（见表 5.8）

表 5.8　实验作文主题分布情况

主题＼班级	实验班	对照班
亲情	√	√
友情	√	√
师生情	√	√
尊老爱幼	√	
助人为乐	√	√
付出与回报	√	
实事求是	√	√
远离网络	√	
幸福	√	
环保	√	
虚荣	√	
知错就改	√	√
诚信	√	
自由	√	
宽容	√	

主题＼班级	实验班	对照班
友善与暴力	√	
战胜自我	√	
珍惜当下	√	
坚持	√	√
拾金不昧		√
感恩		√
感情与理智		√
信任		√
勇敢		√

从表5.8可以看出：德昌民族中学初二年级教学实验班的作文主题已达到19个，不仅数量多，而且内容十分丰富，既有"亲情""友情"等常见主题，也有与文化价值观紧密关联的主题，如"宽容""自由""虚荣""环保""诚信""友善与暴力""助人为乐""尊老爱幼""实事求是"等这些社会价值较为明显的主题。

对照班出现12个不同主题，其中有3个局限于"亲情""友情""师生情"等常见主题。尽管对照班也出现了"拾金不昧""感恩""信任""助人为乐""实事求是"5个具有文化价值意义的主题，但相对实验班来说还是有明显差距。

通过以上分析可以发现：本次教学实验还是有明显效果，这也进一步证明在学生汉语写作水平不高的民族初中开展文化生活作文教学改革是可行的。

（三）表达方式、结构与语言情况（见图5.14）

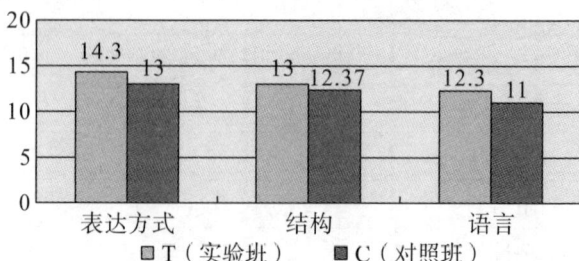

图 5.14　表达方式、结构与语言情况对比

从图5.14可以发现：实验班与对照班学生在表达方式、结构与语言等方面都出现了细微的差异，在表达方式和语言这两个方面都出现1.3分的差距，与教学实验设计内容基本一致。本次教学实验，没有强调具体描写，但是这一指标出现在教学任务清单之中，也反映教学实验对学生作文的影响正在逐步加深。

三、德昌民族中学初二实验作文《散步》教学实验

本次实验是德昌民族中学左永会老师根据前几次实验的结果自己开展的一次教学实验。此次参与实践的是德昌民族中学初二年级的学生。

（一）实验作文选材情况（见图5.15）

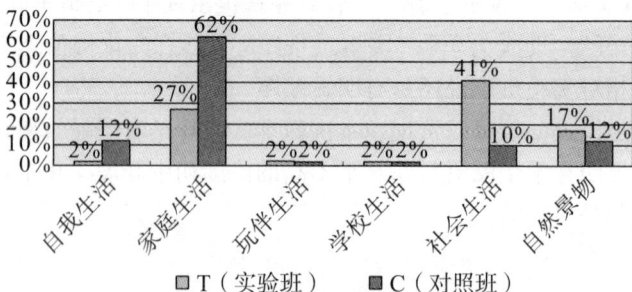

图 5.15　实验作文选材情况对比

从图 5.15 可以发现：实验班与对照班学生在社会生活、家庭生活、自我生活三个方面呈现明显差异。其中，实验班学生选取社会生活题材的比例达到 41%，对照班学生选取社会生活题材的比例仅为 10%。不过，实验班有 3 篇作文跑题，尽管如此，这次实验还是较为成功，进一步显示出在学生汉语写作水平较低的彝民族地区初中，我们开展文化生活作文教学还是可行的。

（二）实验作文主题分布情况（见表 5.9）

表 5.9 实验作文主题分布情况

主题 \ 班级	实验班	对照班
亲情	√	√
乡情	√	
关爱老人	√	
助人为乐	√	
谦让	√	
故乡美	√	
环保	√	
社会进步	√	
向往自由	√	
孝	√	
欣赏美		√
坚定目标		√
远离网络		√
人情冷暖		√
努力		√

这次作文的题目是《散步》，在很大程度上限制了学生的选材

范围，也使主题的发掘受到极大影响。但从表 5.9 还是可以发现：德昌民族中学初二年级教学实验班的不同主题依然达到 10 个，不仅数量多，而且内容十分丰富，既有"亲情""乡情"等这些常见主题，也有与文化价值观紧密关联的主题，如"关爱老人""助人为乐""环保""向往自由""孝""社会进步"等社会价值明显的主题。

对照班出现 6 个不同主题，有两个是具有文化价值意义的主题，即"远离网络""人情冷暖"。结合上面的作文可以发现：德昌民族中学初二年级的一些学生已经能自发关注丰富的社会生活，开始思考一些社会现象。因此，初二阶段是引导学生进行文化生活习作的主要阶段。

（三）表达方式、结构与语言情况（见图 5.16）

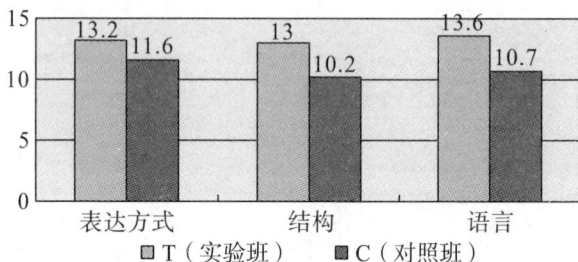

图 5.16　表达方式、结构与语言情况对比

从图 5.16 可以发现：实验班与对照班在表达方式、结构与语言等方面都存在差异，在表达方式方面出现 1.6 分的差距，在结构方面出现 2.8 分的差距，在语言方面出现 2.9 分的差距。这也反映出这次作文教学实验还是比较成功的，再一次证明在民族地区初中开展文化生活作文教学改革是可行的，也是必要的。

第五节 教学实验的结论与启示

经过一年半的多次教学实验，通过对教学实验数据的统计与分析，得到的主要的结论与宝贵的启示将会为课题组进一步教学实验与研究成果推广提供极为重要的参照。

一、三次作文教学实验的结论

通过对课题组展开的教学实验进行横向与纵向比较，能够得出一些有价值的结论：一方面可以对前文的理论予以回应；另一方面也能为文化生活作文理论研究与教学实践提供更好的启示。

（一）彝民族地区初中应进行文化生活作文教学

文化生活作文本质就是能发现和凸显生活世界的文化意义的反思与表达活动。学生在文化生活作文的写作过程中能够发现生活世界中蕴含的丰富文化意义，并自觉进行文化反思与对话，从而实现文化精神世界的建构。

尽管学生在学校会接受系统的文化课程学习，但是学校的文化课程需要回归生活世界，与生活世界在文化的维度上进行融合才会有意义，在学校和家庭的日常生活中也蕴含丰富的文化，但较为隐蔽，学生难以发现。由于初中生思维和生活世界的局限，首先需要引导学生从文化意义明显的社会生活中发现文化意义。因此，在进行文化生活作文教学时需要突破学生选材的局限。

无论是楚雄一中汉语写作水平较高的学生还是德昌民族中学汉语写作水平较低的学生，如果缺乏专门的引导，大部分学生在写生活作文的时候选材都会局限于自己最熟悉的家庭生活与学校生活。在楚雄一中开展的教学实验中，对照班学生以社会生活为作文材料的比例分别是 2%、18%、18%、10%；在德昌民族中学开展的教学实验中，对照班学生以社会生活为作文材料的比例分别是 2%、

145

18％、33％、10％。这一情况在调查研究中也得到反映，认为千篇一律是学生作文选材的主要问题的被调查教师比例高达91％。同时87％的教师认为无意义是学生作文选材的主要问题。教学实验中对照班学生作文的选材情况与调研反映的问题也非常吻合，因为不少学生的活动空间主要局限于学校和家庭，初中学生接触较多的还是学校和家里发生的事情。

当然，我们不能因为学生生活单调性就认为学生作文选材完全可以局限于学校生活和家庭生活题材。尽管学生日常活动主要局限于学校和家庭，但并不意味着学生与社会生活绝缘；相反，学生常常和社会生活发生着联系，而社会生活蕴含的文化意义往往更为丰富与明显。教学实验显示：学生选取的社会题材越丰富，其形成的主题数量也就越多；学生选取的社会题材越少，其形成的主题数量也就越少，作文主题也常常局限于"亲情"与"师生情"。

此外，教师还应该注意引导学生选择具有地方和民族特色的作文题材。从这几次集中进行的教学实验中我们可以发现一个问题：尽管有不少彝族学生，但其选取的社会生活题材很少有涉及彝族文化生活事件的。不过，笔者专门在德昌民族中学进行了一次作文教学实验，发现不少同学还是能够写出民族文化意义鲜明的作文。这是一个值得研究的现象。

拓展学生生活作文素材只是为文化生活作文立意奠定基础，还需进行专门的文化立意训练，学生才能够进行文化反思与对话。在教学实验中，一些对照班的学生虽然也能够选取有社会价值的素材，但是却难以提炼出文化意义主题，不少学生只是陈述事实。究其原因，一方面是因为学生抽象思维能力需要进一步发展；另一方面是因为教师未自觉引导学生进行文化反思。

（二）彝民族地区初中完全能进行文化生活作文教学

文化生活作文是一种深度写作，对学生的观察能力和思维能力都有较高的要求，因此实施文化生活作文教学有一定难度。但是，通过彝民族地区进行的文化生活教学实验，我们认为在民族地区初中完全能够开展文化生活作文教学。

从选材来看，楚雄一中与德昌民族中学学生通过实验老师的引导，都能明显拓展生活作文选材范围，突破学生选材的习惯范围。尽管德昌民族中学教学实验进展慢一些，但是最终在选材方面还是较为顺利地达成教学目标，能够为学生进行文化立意奠定良好的基础。

相对选材来说，文化生活作文关键在于文化立意。楚雄一中学生的作文基础较好，课题组进行的文化生活作文教学实验十分顺利，通过两次实验就达成教学实验文化立意的核心目标。在德昌民族中学，由于大部分学生写作基础很差，逻辑思维能力发展不足，导致文化生活作文教学实验困难重重。德昌民族中学不少学生，在初一阶段还写不出像样的记叙文，能够写出语句通顺的流水账作文就不错了。正因如此，我们在德昌民族中学初一年级和初二年级（之前未训练）进行的前两次文化生活教学实验效果都不好。不过，经过课题组不懈努力，最终还是达成预定的教学实验目标。

（三）彝民族地区初中是实施文化生活作文教学的关键时期

文化生活作文在培育学生文化心理方面有独到的作用。在小学阶段，学生逻辑思维能力较弱，难以进行文化立意教学，只能在写作内容方面着力，引导学生观察社会生活事件，积累较为丰富的写作内容，也就是说文化生活作文教学的核心目标难以在小学阶段达成。高中阶段，当然可以进行文化生活作文教学。但是，彝民族地区高考用的是全国卷，并没有特殊性，而高考倾向议论文写作，加之一些教师认识的局限性，往往会把教学重心放在议论文写作上。因此，高中也不是进行文化生活作文教学的关键时期。

初中阶段正是学生形象思维向逻辑思维发展的关键时期。从教学实验中我们就能够发现，不少学生抽象思维能力弱，难以从材料中提炼具有较高抽象性的主题出来。在作文教学实验中我们发现不少学生总是写流水账，关键原因就是学生抽象思维不强，不能从原本有意义的事情中提炼一个中心出来。因此，进行文化生活作文教学，是引导学生从形象思维向抽象思维提升的一个最为关键的环节。

初中阶段还是学生文化精神建构的关键时期。国外学者 Brown 认为，相对于成年人而言，儿童能更早地完成文化适应的各个阶段，这是因为儿童对母语文化的意识程度较低、受母语文化的束缚较小、文化震惊和文化紧张的程度较轻、在社会文化方面的弹性相对较大的缘故。国内也有一些学者研究认为：初二阶段是初中生获得民族认同能力的关键时期，他们会对有关自我认同和族群认同的问题，比如"我是谁""我属于哪个群体"等产生困惑。我们的教学实验研究也能证明初二阶段是培育学生文化认同意识的关键时期，而且文化生活作文能够发挥独特的作用。

从教学实验可以看出，如果教师善于引导，学生不仅能够打破选材局限，关注社会生活事件，而且还能够对社会生活事件进行文化反思与对话。当然，在一些偏远地区的学校，由于学生汉语写作水平较低，逻辑思维能力发展的局限，引导学生进行文化立意有较大难度，但实验显示还是可以在这些地区的初中开展文化生活作文教学。

二、教学实验对文化生活作文教学的启示

这次教学实验，不仅涉及写作基础较好的学生，也涉及汉语写作能力很差的学生。在教学实验中，出现了一些意想不到的问题和困难，但是在课题组和教学实验老师的共同努力下，最终达成了教学实验目标。因此，该教学实验给彝民族地区初中进行文化生活作文教学提供了极有价值的教学启示。

（一）把文化生活作文作为民族地区学生文化适应教育的根本途径

文化生活作文强调体验性、真实性，因为学生只有从自己最为贴近的日常生活出发，才能建构一个稳定的文化精神世界。在文化

生活作文中，学生需要直接面对自己熟悉而又陌生的日常生活世界，这个世界是一个生动的、有意义的世界，也是学生文化精神世界的发源地。除此之外，在文化生活作文中学生还需要对这个亲切的世界进行文化反思与对话，在反思和对话中实现不同文化价值观的协调与整合。因此，通过文化生活作文能帮助学生采取合理的文化适应模式，自然而然地形成一个开放、稳定、健康的文化精神世界。教师只有充分而深刻地认识到文化生活作文的重要教学价值和独到的功能，才能自觉地积极开展文化生活作文教学活动。

（二）要善于培养学生观察与思考生活的能力

教师要善于培养学生的观察意识与兴趣。尽管学生的感官时时刻刻都在接触世界，但是对于熟悉的日常生活，多处于无意识状态，熟视无睹，或者以固有的眼光看待这个世界。只有生活中发生特殊事件，才会引起学生的注意。因此，在生活作文教学中，我们需要让学生明白：对自己的日常生活世界，我们并不熟悉，或者我们只是自以为熟悉，只有通过自觉观察，才能够从熟悉的日常生活世界中发现不熟悉的世界。

当然，引导学生理解这一点并非易事，首先需要教师掌握观察日常生活事件的方法，能够发现日常生活世界蕴含的丰富意义。因此，在教学中首先需要教师理解写作观察的本质。笔者认为写作观察就是一种超越性活动，是不断去除生活世界遮蔽的过程。围绕这一基本思想，笔者在《发现与建构——基于现象学的生活作文研究》一书中提出了一系列具体的观察方法。

其次，教师可以通过摄影活动、观察日记等方式，了解学生的观察能力和遭遇的种种障碍，引导学生掌握观察日常生活的方法，不断提升自己的观察能力，不断发现日常生活世界的意义，并用准确的语言表现出来。

发现生活事件的意义，一方面需要教师培养学生写（观察）日记的习惯，不断积累生活；另一方面需要教师引导学生积极展开思考，在思考中对生活事件进行分解与组合，不断发现和建构意义。

实际上，任何一个单一的日常生活事件的意义往往是未确定的、多向的，如果仅仅从某一角度进行观察，往往会局限于特定的意义。如果能将单一的生活事件放置于特定的关系之中，通过比较、综合等思维形式进行加工，就会生成丰富的意义，形成不同的主题，克服主题先行写作模式的局限。笔者提出的"焦点体验扩散写作模式"，实际上就是对该思想的具体运用，已有研究者进行教学实践，并取得较好的教学效果（参见本书第二章的介绍）。

（三）让文本世界文化与生活世界文化融通

阅读教学对作文教学具有重要的促进作用。在彝民族地区初中，如何才能够通过阅读教学促进学生的文化生活作文能力呢？笔者认为，关键是让学生从生活世界走进文本中的文化，再让学生从文本文化回到生活世界。当前部编版语文教材非常重视"主流文化和传统文化的渗透"，以求塑造学生准确的价值观和世界观。但笔者认为，如果教材的文化不能与学生的日常生活体验发生关联，阅读教学的文化育人效果肯定会受到影响。因此，在语文阅读教学中需要教师有意识地运用各种方法让学生从文本回到生活世界，感受到生活世界蕴含的文化，并通过文化生活作文写作让"主流文化和传统文化"内化到学生的精神内核之中。

当前部编版语文教材蕴含的文化资源非常丰富，比如七年级上的课文与综合实践都体现了主流和传统文化意识的渗透，《陈太丘与友期》《诫子书》《〈论语〉十二章》《女娲造人》《西游记》《散步》《猫》《鸟》《狼》《皇帝的新装》《赫耳墨斯和雕像者》等课文与名著，蕴含了丰富的传统和现代文化观念，都能与民族地区的传统文化与主流文化很好地融合。《论语》中"有朋自远方来，不亦乐乎"与彝族拜年、聚会的传统具有内在的一致性。拜年也是彝族年的一个项目，家家户户都要背着一块猪肉或半个猪头、酒和其他一些食品走亲戚。为了省力气，好多人家就用马驮着，一路上到处可见孩子们跟着大人走亲戚。这些生活是学生熟悉的生活世界，借助文本可以让学生发现日常生活事件的文化意义，并在历史与现实、本民族文化与他民族文化之间建立精神纽带。

（四）善于引导学生选取文化生活事件作为作文题材

本次文化生活作文教学实验的主要目标是让民族地区的学生对自己熟悉的文化进行反思，特别是对传统文化进行反思与对话。但是我们可以看到，尽管在教学中我们有意识的提醒学生写自己本民族的文化生活事件，但学生自觉写本民族的传统文化生活事件的内容并不常见，这意味着传统文化生活与学生的日常生活渐行渐远，这在楚雄一中的学生中表现较为明显。因此，如何让学生通过日常生活发现传统文化生活蕴含的价值观，并对其进行反思、对话就显得尤为困难，也尤为重要。当然，并不是说难以进行，课题组专门设置了题为"记火把节里一件难忘的事情"的作文，提示和限制选材范围，结果不少同学都能找到材料，写出一些非常有意思的作文（见第六章），他们已经开始对传统文化生活、现代文化生活进行反思。

（五）有序提升学生的逻辑思维能力

文化生活作文需要学生从具体的日常生活事件中发现文化意义，而文化意义又蕴藏于具体的日常生活事件之中。文化立意需要对日常文化事件不断进行追问，才能够发现人们日常行为、语言、服饰、建筑、民间故事等背后隐藏的文化观念。初中学生的思维发展处于从形象思维向逻辑思维过渡阶段，逻辑思维能力需要提升。此外，彝民族地区一些初中学生，其幼儿与小学阶段生活的语言环境都是彝语，虽然小学阶段也开始学习汉语，但是其汉语水平不高，而且彝语水平也不是很高。语言在学生思维发展中发挥着极为关键的作用，民族地区初中部分学生语言能力偏低，在很大程度上影响其思维能力的发展。因此，在彝民族地区一些民族初中里，"流水账"成为学生作文写作最普遍的问题，也是教学中难以解决的问题。

从上面的分析可以看出：在彝民族地区开展文化生活作文教学，更需要重视彝族学生思维能力的提升。当然，提升其逻辑思维能力需要建立在丰富的感性生活体验基础之上，只进行单纯的思维训练，不仅会让学生丧失学习写作的兴趣，而且也会偏离语言教学的轨道。在生活作文中训练学生的逻辑思维，首先需要让学生能够将自己熟悉的生活具体展现出来，也就是说学生能够记"流水账"，能把"流水账"记好。然后，在此基础上给学生提供一些常见的概念支架，引导学生从"流水账"的日常生活中发现抽象的"概念"与具体日常生活事件之间的联系，逐渐提升学生的抽象概括能力，从而为立意奠定坚实的基础。

（六）结合学生实际科学开展语言训练

词汇不足、错字错句较多、语言不生动是彝民族地区一些民族中学学生在语言方面存在的较为普遍的问题。在一个学校、一个班级内，学生语言水平往往参差不齐。因此，在教学中教师一方面需要遵循学生语言能力发展的基本规律展开教学；另一方面又需要结合部分以彝语为第一语言的学生的实际情况进行语言训练，笔者认为：语言训练可以遵循"句子框架建构——用词准确——用词具体"的基本顺序展开。同时，在作文教学中，需要针对学生在语言方面普遍存在的问题进行集中的语言训练。比如，如果班级学生在语言基本框架方面存在问题，那么教师就需要在学生写作文时提供典型的汉语句式，并与彝语句式进行对比分析，发现两种语言的差异，然后再进行模仿训练，避免第一语言的习得给汉语学习造成负迁移，这样就能在写作中有效避免一些常见的框架性错误。又比如，学生词汇不足，教师可以通过阅读教学，有意识让学生习得一些常用的词语，并设法让这些词语与学生个体的生活发生关联，以便学生能够在作文教学中灵活运用习得的新词语。

（七）突破教材框架，构建彝民族地区民族初中文化生活作文教学序列

在课题调查中发现不少教师基本上都是按照教材编排的作文教学活动展开作文教学。如果学生能达到语文课程标准规定的小学阶

段的目标，在初中阶段继续按照教材编排的作文教学活动安排进行作文教学，这是没有太大问题的。问题在于，在部分彝民族地区初中刚入校学生的汉语水平难以达到语文课标对小学作文教学目标的规定。因此，需要根据学生的实际情况，降低作文教学的起点，循序渐进，对教材编排的作文体系进行增删与重组，从而构建出适合彝民族地区不同水平学生作文教学的教学体系。

　　笔者认为完全可以打破教材的年级编排顺序，根据学生认知发展和学生写作能力发展的过滤，结合课标的基本要求，设计出初中作文教学目标体系。当然，本次课题研究是难以完成这项任务的。不过，笔者根据彝族聚居区彝族学生汉语写作水平实际情况，从写作内容、语言、思维、写作观察、叙事与描写、写作方法等维度设计出一个写作训练序列（见表5.10），可以为一线教师开展文化生活作文教学提供参考。教师可根据学生写作水平发展的层级，开展相关的作文训练。

表 5.10　写作训练序列

水平层级	内容	语言	思维	观察	叙事与描写	写作方法
初级水平	家庭生活学校生活社区生活	熟练运用汉语基本句式（单句）、作文表达的基本词汇、标点符号	形象思维	养成观察的习惯，能写观察日记	能清楚叙事（记流水账）	顺叙倒叙
		汉语常见句式（单句）、作文表达的常见词汇			能具体叙事（可以是流水账）	

水平层级	内容	语言	思维	观察	叙事与描写	写作方法
中级水平	节日生活宗教生活经济生活法制生活	常见简单修辞方法的运用、运用课内精彩语句	形象思维	观察传统文化生活事件及其意义	有主题描写生动	起伏叙事运用对比、并置等方法
		常见复杂修辞方法的运用、运用课外精彩语句	分析思维		主题鲜明详略得当	
高级水平	日常生活与社会生活 文本世界与生活世界	灵活自如运用修辞方法准确表达	分析思维概括思维	生活事件隐含的文化意义（矛盾冲突、观念冲突）	中心有一定深刻性	运用托物言志、构图等方法
					主题深刻	

第六章　实验学校教师研究论文和学生作文展评

　　在本次教学实验中，因为课题实验目标多、周期长，在有限的集中教学实验中难以解决全部问题，教学实验既需要集中进行也需要分散进行。一方面，实验学校参与教学实验的教师根据课题组设计的统一方案进行教学实验；另一方面，课题组又鼓励各位教师根据实验的设计方案自行开展教学实验，以期研究能够取得全面突破。在课题分散实验期间，楚雄一中王红力老师、黄昆老师，德昌民族中学的左永会老师、柯红英老师不仅积极参与教学实验，还认真撰写教学实验论文。王红力老师撰写的论文《彝族初中文化生活作文教学实验报告》在《楚雄学报》上以课题组的名义公开发表。从这些研究成果中，我们可以感受到一线语文教师对文化生活作文教学的探索精神，具有重要的研究价值。

　　同时，本书还收集了大量原生态的学生作文。收集的作文都是未经过教师指导修改的作文，有一些作文还是典型的"流水账"，而且在写作语言、技法上都存在很大问题。尽管如此，我们还是能够从这些并不优秀的作文中，发现在彝民族地区实施文化生活作文教学的必要性和可行性。从这些作文中，我们可以看到孩子们对传统文化、现代文化、乡村文化、班级文化的苦恼、困惑和思考，而这一过程就是最为自然的文化适应教育的过程。

　　学生作文最为基础、最为重要的问题是写什么的问题，因为写作技巧、方法都附着其上。学生能够写出蕴含丰富文化意味的"流水账"，就意味着学生的文化生活作文已经具备很好的基础，接下来只要教师善于引导学生，把一篇蕴含丰富意义的"流水账"作文变成一篇结构合理、中心鲜明的作文是没有任何问题的（当然，语言文采方面的问题是一时半会儿解决不了的）。在阅读这些孩子的作文时，应该从他们原生态的作文中发现宝贵的思想之芽，惊叹孩子们对世界的感悟，发现实施文化生活作文教学的价值和意义，而不是一脸的不屑。

第一节　实验学校参研教师研究论文

下面呈现的是一些一线教师参与教学实验的研究论文。这些论文关注语言、写作方法、读写结合等生活作文教学方方面面的问题，有些问题具有普遍性，比如学生选材的问题，有些问题具有特殊性，比如语言表达的问题。当然，这些问题不是文化生活作文教学的核心问题。不过，也只有先解决这些问题，才能全面解决文化生活作文教学的问题。这些研究论文，可以为我们今后开展文化生活作文教学提供重要启示。

一、实验研究论文

文化生活作文中人物刻画、景物描写教学实践研究

黄昆

（云南省楚雄彝族自治州　楚雄一中，云南　楚雄）

摘　要：2016 年 9 月开始，云南楚雄地区初中语文选用部编版（2016）新教材，相比之前人教版的老教材改动较大。但是，作文部分教师依旧根据教学实际进行了调整，将"文化生活作文"这一概念注入起始年级的教学之中，使学生能写出内容更加充实，更

能够展现学生良好思维能力的作文，尤其是在人物刻画和景物描写方面。论文以七年级上学期作文教学为例，展示"文化生活作文"教学实验的成果。

关键词：起始年级；文化生活作文；教学实践

2016 年，笔者参与四川师范大学文学院胡斌教授主持的课题"西南彝民族初中文化生活作文教学研究"的教学实验。在课题组胡斌老师的指导下，开展了为期近一年半的教学实验。从结果来看，教学实验取得了良好的效果。

一、起始年级学情分析

七年级是初中阶段的起始年级，2017 年 9 月入学的学生除了需要像历届学生一样适应新的教学环境外，更需要适应新的教材。对于教师来说，新教材同样具有挑战性，特别是作文教学部分。2016 年以来，云南省初中学业水平考试开始改革，语文卷面满分120 分，作文 50 分，占比接近 42％，教师、学生都十分重视这一版块。如何提高学生的作文分数应该成为语文教师接手新一届学生时就应该思考的问题。教师应做好三年的作文教学思路整理，甚至写好三年的作文教学设计，根据实际情况再做调整。

（一）学生作文能力分析

1. 学生完成作文写作情况

2016 年 9 月，笔者迎来新一届初中生，担任两个班的语文教学工作。客观来说，这两个班级学生整体基础较好，但是具体作文情况如何，仍需具体考核。开学第二周，笔者给两个班级的学生布置当堂作文：

题目是"等待＿＿＿＿＿＿"

要求：

（1）将题目补充完整后作文。

（2）不得出现真实的人名、地名。

（3）不得抄袭、套作。

（4）字数不少于 600 字。

这是一个半命题作文，具体要求与中考要求一致。首先，需要学生将题目补充完整，对于刚入学的初中生来说，这是第一个挑战，但却可以看出学生对题目重要性的把握程度。其次，字数不少于 600 字，对于部分学生来说字数不少，怎样谋篇布局成了他们要思考的问题。

两个班的学生按照要求，当堂作文，教师以中考作文阅卷标准批改后，A 班平均分 40.82 分，B 班平均分 39.83 分。

2. 采访法了解小学作文教学

根据以往的教学经验，初中生的作文平均分普遍为 42～43 分，参与实验的 A 班、B 班都是基础比较好的班级，但是作文水平却不是很理想。作为任课教师，笔者选择一节自习课的时间，分别对两个班级的学生按毕业学校进行抽样采访。采访问题如下：

（1）小升初你的语文成绩是多少分？作文分数知道吗？

（2）小学几年级开始正式的作文教学？

（3）能不能简单说一说小学老师都是怎么教写作的？

（4）小学时对写作有字数要求吗？

（5）是否参加过各级别的作文竞赛？成绩如何？

（6）（给受访学生看了之前要求写的作文）你觉得对自己这个分数满意吗？哪些地方没有做好？

经过以上 6 个问题的交谈，笔者初步认识到：

（1）学生小升初的语文成绩都很高，普遍在 97 分以上，说明他们的作文成绩应该不低。

（2）超过三分之二的小学正式的作文教学是从三年级开始，极少数的学校从一二年级开始。

（3）学生口述，小学作文教学基本上是按照教材进行，学生作文达到要求的字数后，能够写出事件就很少有其他方面的要求。

（4）学校都组织过学生参加作文竞赛，但是教师指导不多。

（5）普遍对自己现在的作文成绩不满意，觉得分数太低，希望自己能够写出更优秀的作文。

3. 发现学生作文问题

（1）内容千篇一律。

教师给出的题目是"等待＿＿＿＿＿"，许多学生补充的题目是重复的，出现最多的词语是"朋友""妈妈""长大""暑假"等。内容上也有很大的重复，等待迟到的朋友，等待放学后来接他们的父母一类的题材反复出现。

（2）修辞手法使用少。

从平时的教学之中可以看出，学生对修辞手法的判断是很准确的，但是对修辞手法的作用表述不当，在作文中也很少使用修辞手法，偶尔用到也主要集中在比喻、拟人、排比三种修辞手法上。

（3）联想、想象的能力不足。

学生在作文中很少表现出独特的想象力，作文语言平淡无奇，少有让人眼前一亮的感觉，更缺乏由此及彼的联想能力，这也是在今后的教学中需要特别注意的。

（4）作文逻辑思维能力有待提高。

采访的过程中笔者试图让学生讲解自己的写作思路，每一个学生都能简单地说出自己的写作内容，但是具体为什么要这么写，想表达什么思想感情，学生则很难表达出来。笔者从学生的作文中挑选几个简单的转折、假设等句子，问写作的学生他们之间的关系，学生也很难准确地回答。

（5）常见文字错误。

起始年级常见的文字问题有：很多字不会写，用汉语拼音代替，或者出现错别字；语句不通顺，出现语病；方言词语大量出现在作文之中等。

（二）部编版（2016）七年级语文教材作文安排分析

部编版的新教材与人教版老教材相比，在作文上进步很大，更加贴近单元主题，让教材文章成为很好的范文，便于学生学习模仿。难度设置上，也更加注意从易到难，让学生有一个逐渐学习接受的过程。更多的作文指导，不再是单纯以每单元作文教学的版块出现，而是穿插在平时的文章教学之中。比如，七年级上册第一单元的文章《春》，练习题中安排学生写比喻句描绘春天；《济南的冬天》思考探究第五题要求学生写风景片段等。这些设计既是写作思维任务，更是写作方法的指导。

1. 教材1—6单元作文主题

七年级上册作文六个主题分别是"热爱生活，热爱写作""学会记事""写人要抓住特点""思路要清晰""如何突出中心""发挥联想与想象"。编者整个教学的逻辑应该是：让学生学会在生活中收集素材，运用好素材，然后理清写作的思路，做到中心突出，提醒学生注意写作过程中联想和想象能力的锻炼。这一思路与我们"文化生活作文"的教学思路几乎是一致的。

2. 教材上的作文教学处理办法

结合"生活文化作文"的教学思路，有的版块我们需要详细讲解，比如"写人要抓住特点"。我们在教学中把它分为：①人物描写：肖像描写、神态描写、动作描写、语言描写；②人物描写：心理描写、细节描写两个课程。有的可以让学生自学然后通过片段作文加以练习，比如"思路要清晰""如何突出中心""发挥联想与想象"。有的内容则需要增加，比如景物的描写，在第一单元的课后思考题中就要求学生写景，但是写景对于部分学生来说存在困难，所以我们在教学过程中，需要进行补充讲解。

（三）"文化生活作文"教学可行性分析

四川师范大学胡斌教授在《文化生活作文的定义、特点及教学价值研究》一文中提到，"文化生活作文"具有体验性、文化性、深刻性、对话性的特点。我们的教学也要充分考虑到这四个特点，指导学生在日常生活中收集相关的素材，感受"文化生活作文"的特点，并把思考与感悟在作文中呈现出来。

1. 浓厚的少数民族文化

楚雄是一个少数民族聚居区，以彝族为主的多种少数民族在这里生活。我们的学生来自彝族、回族、白族等。在日常的学习、生活中他们也或多或少地表现出自己的民族特点，要么是人际交流上的，要么是文字表达方面的，还有生活习惯上的，这些都是学生写作的好素材。

以彝族为例，随处可见的由红、黄、黑三种颜色构成的装饰物就是一个典型的彝族文化符号。彝族有自己的史诗——《梅葛》《查姆》等；彝族有自己的刺绣、有自己民族特色的服装；彝族有自己的节日——火把节、彝族年、赛装节。楚雄作为彝族自治州，每年 4 月 15 日是州庆日，2018 年是 60 年州庆年，更是热闹非凡。

所以，放眼望去，我们的生活中有很多可以写的素材，绝不仅仅局限于"迟到的朋友""送伞的母亲"这些千篇一律的题材。

2. 丰富的课余生活

参与实验的 A 班、B 班中有超过三分之二的学生都是有特长的学生，音乐、美术、舞蹈、体育各个方面都有优秀的学生。他们的经历可以写成作文，他们的梦想同样可以写成作文。

此外，学校有冬季运动会、夏季球类运动会、艺术节、经典诵读比赛、儿童节义卖活动、"书香校园"读书节以及各式各样的社团活动，这些校园文化都是可以成为学生的写作素材。

学校还有优美的环境，古色古香的书院、活泼的小动物、春天的茶花、夏天的荷花、秋天的菊花、冬天的梅花，只要学生留心观察，随处都是可写的内容。

3. 教师引导思考

学生可写的内容远远超过他们作文中展示出来的单调题材，但是从仔细观察到写成作文还差关键一步，就是教师的指导。教师在平时的作文教学之中，除了方法的指导外，更多的应该是思维的引导，激发学生就眼前的客观事物进行更深层次的思考，从而丰富文章的内涵。

4. 有针对性的作文练习

学生在前两个单元的作文教学中学会了观察生活、热爱生活，那么通过练习将感悟化为具体的文字就显得很有必要。七年级上学期，整篇作文的写作不要太多，2~3 次就可以，更多的还是通过简单的片段作文完成训练，效果比较好。可以结合每一篇文章后面的练习题进行写话训练，也可以在每次作文授课过程中开展片段作文练习，还可以用周记的形式，进行灵活的写作训练。

二、结合"文化生活作文"教学模式基本框架设计教学内容

在整个教学过程中应该紧扣"文化生活作文"教学模式基本框架展开教学设计（见图 6.1），即横向注重学生作文内容、语言、思维、表达方式，纵向注重作文教学的目标、内容、思路、方法，最终体现文化深度认同，展现社会主义核心价值观。①

图 6.1　文化生活作文教学模式

---

①　资料来源："文化适应理论视域下的西南地区彝民族初中文化生活作文教学研究"课题组制定的教学实验方案。

（一）人物描写：肖像描写、神态描写、动作描写、语言描写、心理描写

课堂实录节选：（略）

教学目标展示：

（1）了解作文过程中人物描写的作用。

（2）人物描写的几种方法。

（3）学会抓人物主要特点来突出人物性格。

（4）片段作文训练，提高写作能力，提高写作的兴趣。

师：（展示图片）请大家认真观看几幅图画，研读文字，你觉得写得好不好？

生：写得很好，很传神。

师：你觉得这些文字为什么生动传神？

生：运用了人物描写的方法。

师：分别是哪几种方法？

生：肖像描写、神态描写、动作描写、语言描写、心理描写。

师：（五种人物描写方法的介绍，课件展示），下面请同学们阅读下面这段文字，说说他们的问题在哪里？

"我的同学，他身材不高也不矮，满头的黑发，脸上弯弯的眉毛下面有一双大眼睛，嘴巴上面有一个高高的鼻子，身上穿着一套运动服，手上戴一块手表，脚穿一双旅游鞋。"

生：外貌描写太多，太普通，大众化。

师：你能不能写一个自己的同学，让同学很快猜出他是谁？

学生典型作文：如果全年级的学生站在一起，你肯定第一眼看到的就是他，十二岁的年纪却长了一米八几的大个儿，一百公斤的体重让他买不到合适的校服，只能穿着一条自己的黑色运动裤。若是在篮球场上，他就是霸主，只要他拿到球，我们都不敢上去抢，只能站在一旁，看他潇洒起身投篮，双脚落地的时候仿佛地球都为之一震。

教学效果：学生通过这节课的学习，更加清楚五种人物描写的

方法，同时要求学生当堂完成片段作文，在作文中我们可以看到学生运用了外貌描写、动作描写，更是学会抓住所写对象的特点，也学会运用夸张的修辞手法，进步很大。

（二）人物描写：细节描写

课堂实录节选：（略）

教学目标展示：

（1）学会细心观察，用心捕捉生活中的细节。

（2）理解细节描写的作用。

（3）掌握细节描写的基本方法。

师：什么是细节描写？

生：对表现人物性格和情节发展起特殊作用的一些细小环节进行具体、细腻、形象、生动的描写。

师：看来大家对之前的学习内容掌握很到位，光说不练假把式，下面我们一起来训练一下。请按照老师的要求，修改文稿，原稿如下："语文课开始了，老师把批好的试卷发了下来。在拿到试卷之前，我紧张得要命，就怕自己考砸了。试卷拿到手以后，我一看不及格，很是伤心。"

学生典型作文：

（1）心理细节。

我不停地在心里念叨：阿弥陀佛，大慈大悲的观世音菩萨，保佑我吧！我再也不踢球了，不看电视，不打游戏机了。唉！都怪我自己，老想着打游戏机，考试前一天还趁父母不在家偷看了一个小时的电视。老师啊，手下留情，你让我过了这一关，我以后上课一定好好听讲，千万千万别让我不及格啊！

（2）动作、语言细节。

试卷静静地反躺在桌上。我用有点颤抖的手去慢慢地掀开试卷一角，一个鲜红的"4"字映入我的眼帘，我的手一抖，试卷又合上了。我一咬牙，把手伸到试卷底下，用力一翻，随着"啪"的一声，我看到了我的分数——48，可怜的"48"，我"唉"了一声便瘫在桌上。

（3）神态细节。

"小明 59""小华 58"……本应清脆甜美的声音此刻却好像化作一把把利剑直插入他的心脏，他的面色如纸，两眼死死地盯着老师那一张一合的嘴……"小芳 60"，不经意间似一阵温暖的春风拂过，那本来早已僵硬的面部轮廓，霎时露出一丝诡异的苦笑，他的身子也随之瘫软在椅子上……

（4）环境细节。

天阴沉沉的，不时刮来阵阵冷风。风刮到我身上，我就不由自主地打战。教室里静悄悄的，只听见"沙沙"的发试卷的声音，"哗啦!"我的心随之猛跳了一下，一个同学不小心把书碰到了地下。同桌的试卷已发下来了，72 分，看着同桌哭丧的脸，我不由得心里直打鼓。

教学效果：学生能够准确地判断各类描写方式跟细节描写的关系，迅速根据老师的要求展开描写。细节，让作文更加出色。

（三）景物描写：定点观察、移步换景、多种感官、多角度表达

课堂实录节选：（略）

教学目标展示：

（1）学会用多种描写手法，多角度的描写景物。

（2）感受大自然的美好，激发对大自然的热爱之情。

师：我们来归纳一下，写景写些什么？

生：抓特征!

师：怎么写？

生：定点观察，移步换景，动用多种感官，正面、侧面结合，动静结合，虚实结合。

师：为什么写？

生：缘情入景、以情托景、融情入景、适当议论。

师：很好，我们来看一张漂亮的图片，然后请大家用文字将它

的美写出来！（图片展示）

学生典型作文：有一条路它通向未知的远方，路的两旁有金灿灿的麦田。从路旁向远方眺望，只能望见一座座连绵起伏不绝的高山，哦，远处好像还有几处人家。我站在路旁抬头仰望天空，他是那么的一望无际，朵朵棉花糖似的白云浮在天空。突然一阵微风轻抚过麦田，麦苗轻摇，好似与他嬉戏……

教学效果：学生通过片段作文的练习能够很好地把握所学的方法，与之前写景简单或者直接没有写景意识的作文比起来，文章显得更加生动，感情的抒发更加自然。

（四）作文谋篇：开头、结尾、形式

课堂实录节选：（略）

教学目标展示：

（1）认识了解几种文章开头的写作方法。

（2）正确使用几种文章开头的写作技巧。

（3）了解文章的形式，丰富自己日常作文的形式。

学生典型作文：（略）

教学效果：这一部分的教学更多的是形式上的内容，让学生知道打造好的开头、结尾的重要性，也让他们学会运用小标题式、题记式等作文形式。

（五）内容取舍：寻找身边的文化符号

在这一部分的教学之后，要求学生结合之前所学写一篇完整的作文。本课的教学教师补充大量的少数民族文化知识，展示学生参加各种活动的照片，从而激发学生的写作积极性，引导学生学会广泛地选材。对文章的内容进行取舍，一些容易重复的、意义不足的内容就可以放弃，避免内容主题千篇一律，而生活中新颖的有意义的事情就可以重点关注，选取有文化意味的素材，并发掘其中的文化主题。

（六）作文深度：多角度思考所看到的现象

通过第五课的教学，学生基本能够找到一些跟别人不同的题材进行作文，但是作文的思想深度不够。这一节课，教师以 2~3 篇学生作文为例，引导全班同学一起找出文章的亮点，然后就同学所写的内容寻找更多的思考角度，给写作的同学提出修改的意见。

三、教学实验小结

经过一学期六次作文的教学和训练，学生的作文成绩有所提高，七年级上学期期中考试，两个班的作文平均分 A 班为 43.68 分、B 班为 43.94 分；期末考试作文平均分 A 班为 45 分、B 班为 45.47 分。具体来说：

（一）语言方面

学生一开始平淡甚至有些不通顺的语言表达变得生动起来，学会使用多种修辞手法，虽然离优美、个性化还有一段距离，但是总体来说语言是作文训练成果最突出的一个方面。

（二）思维方面

学生的联想和想象的能力还需要继续锻炼，目前的作文能够做到思路清晰，中心突出，但是很明显能够感觉到学生的思维还是受到约束的。文化立意、文化反思、文化对话可能对于起始年级学生来说还有不小的难度，这也是今后教学中需要继续加强的重点。

（三）表达方面

这里的表达，更多的应该是指对多种表达方式的理解与运用，这部分很难在作文中系统地开展教学，更多的是在平时解读文本的时候进行。通过人物刻画和景物描写的训练，学生可以做到简单的借景抒情、托物言志，但是深层的思考需要在日后的教学中进一步加强。

（四）作文的内容方面

作文的内容选择是"文化生活作文"的一个重点，很大一部分依靠教师的引导，跟刚开学时作文内容的选择比起来，在七年级上学期的两次整篇作文训练中，这方面进步很大。学生开始留心生活中的事件，并能做出思考。

（五）作文的主题方面

作文的主题选择决定着作文的高度，这一点同样涉及我们在学生思维方面的训练，一篇作文怎样立意，如何紧扣立意深入思考完成作文，是学生作文的难点。初中生的考场作文一般要求写一篇记叙文，其实在主题方面，按照中考作文标准要求一类卷要做到切合题意、中心突出、立意深刻。这意味着学生想得高分，一定要在文章的主题方面多下功夫。

"文化生活作文"是激发学生热爱生活、学会观察的一种作文教学方式，每一位教师都可以根据教学实际，结合"文化生活作文"教学模式基本框架设计出合理可行的教学方案，让学生的作文分数在一个个点的教学落实中逐渐提高。最重要的是，通过作文的教学可以锻炼学生的思维能力，让学生获得更大的益处。

参考文献：

[1] 胡斌，程淑贞. 文化生活作文的定义、特点及教学价值研究 [J]. 教育理论与实践，2018（5）：45-47.

[2] 石世德. 新课标下初中作文教学反思 [N]. 安康日报，2011-8-25（7）.

[3] 罗剑. 浅谈初中作文教学 [N]. 云南经济日报，2017-9-4（2）.

彝族地区初中学生作文教学初探

左永会

（四川省凉山彝族自治州　德昌民族中学，四川　德昌）

摘　要：在初中语文教学中，最困难的是作文教学。作文教学是令许多语文教育工作者和学生深感头疼的难题。特别是在民族地区，大家都认为：教语文难，最难教的应该是作文，尤其是彝族学生的作文。那么，如何有效地辅导彝族学生进行写作呢？本文进行了许多尝试和实践，并根据彝族地区初中作文教学的现状，展开相应的策略分析。

关键词：初中语文；作文；教学；学生

作文是衡量学生语文水平的重要尺度，因为作文能力是学生语文水平的综合体现。而作文又是语文教学的一个重点和难点。因此重视作文教学，提高学生的写作能力，是语文教学不可忽视的重要环节，也是每一位语文教师不可推卸的责任。

通过近几年作文教学实践的多次尝试和验证，笔者逐渐摸索出了作文教学方面的一些教学方法，积累了作文教学的点滴经验，在此与大家共同探讨，以提高学生的写作能力。

一、彝族地区初中作文教学现状分析

（一）学生方面

我校是寄宿制民族中学，彝族学生占到了全校学生总人数的90％，这些学生由于长期居住在交通闭塞、文化视野狭窄、经济发展落后的山区，加上一些传统生活方式的影响，使他们在日常交流上产生了语言障碍，语言不规范，对汉语大多数学生可以说是"三不"——听不懂、不会说、不敢说，这些问题给我们的作文教学带来了严峻的挑战。

（二）教师方面

目前，我们虽然有一整套作文教材，但距真正落实教材的要求尚有很大差距。其原因并非教材本身的问题，而是教师的教学理念与驾驭教材的能力问题。

1. 教师认识不到位

由于教师对作文教学的地位和作用认识不到位，对教材处理、作文训练的意图理解不透彻，对作文教学指导思想的落实大打折扣，作文教学的目标远远不能达到课程标准的基本要求。

2. 作文训练缺乏系统，比较随意

教师们大都清楚作文训练的整体目标，但各个阶段应该达到什么样的训练目的，并不十分明了。往往是感觉该写作文了，临时布置一篇了事，或随便找一个"话题"由学生自由抒写，写到哪里算哪里。长此以往，学生觉得枯燥乏味，丧失了写作的兴趣，有时应付了事，有时连作文本也懒得交了。

3. 教师指导方法单一，效益不高

由于作文教学长期以来无写作教学的理论体系和课程体系，无写作教学成熟的实践探索，再加之教师对作文教学指导意义的重视程度不够，作文指导课不像阅读教学那样精心设计准备，只是一些写作"知识"或"技法"的空洞说教，训练程序僵化呆板，训练手段、评价方式陈旧单调，对学生习作缺乏导向性，实用性不大，以致学生写作文只是为完成任务，作文效益不高，适用性不高，学生写作能力极不乐观。

二、彝族地区初中作文教学策略与方法

（一）激发学生写作的兴趣，让学生愿意写

"兴趣是最好的老师"，学生都喜欢做自己感兴趣的事情，写作文也是一样，若是学生对写作不感兴趣，他们就会怕写作文，会对写作产生厌倦感。这就需要老师在作文教学中采取各种各样有效的策略去激发学生的写作兴趣，打开学生的写作思路。一旦激发起学生的写作兴趣，他们就会充满自信地快乐写作，变"要我写"为"我要写"，一篇篇异彩纷呈的作文也就会脱颖而出。

文化生活作文强调学生写自己的日常生活，写自己熟悉的人和事，因此，在教学中如果教师能够引导学生观察生活、思考生活，激活学生已有的生活体验，使学生能够写出对自己有意义的"内容"，而不是挖空心思胡编乱造，他们自然就会对作文产生兴趣。

（二）重视写作积累，让学生能写

1. 培养学生养成积累素材的习惯，让学生"能写"

《诗经》云："他山之石，可以攻玉"，是指广采各种各样的山石，才能够创作出玲珑剔透的玉雕来。朱熹在《观书有感》中写道："问渠哪得清如许？为有源头活水来。"这"活水"也是写作取之不尽的素材，有了它，"巧妇"不再"难为无米之炊"，即使学生不是"巧妇",也能"烧"出实实在在的"饭"来。

因此要想使学生作文有话可说,有物可写,就必须注意积累写作素材,以便写作文时游刃有余。

2. 从生活中积累写作素材

叶圣陶先生说过:"生活犹如泉源,文章犹如溪水,泉源丰盛而不枯竭,溪水自然活泼地流个不歇。"因此,要解决彝族学生"没有材料可写"这一作文难题,教师就要有意识地引导学生热爱生活、走近生活、感悟生活,从生活这部最丰富的百科全书中获取作文材料。在作文教学中,教给学生观察的方法,让学生在日常生活中养成善于观察的良好习惯,时时在意,处处留心,逐渐磨砺出能发现美的眼睛。

彝族是一个有着独特风俗、人文的民族,让彝族学生试着去观察自己所熟悉的民风民俗、周围环境,用心去理解、感受生活,捕捉生活中的闪光点。通过多问几个"为什么",剥开事物的表象,使事物蕴含的思想和哲理渐渐显露,形成个人的独特感受,写真人真事,抒真情实感。这样学生的作文将不再脱离实际,不再是一大堆的空话、套话、假话,而是一种朴实、真切的情感流露。

3. 从阅读中积累素材

"劳于读书,逸于作文"是前人在读写实践中总结出来的经验。读书是吸收、积累的过程,思想、素材、感受以至语言的表达方法都在不知不觉中融会贯通,储存起来。一旦需要,这些储存的素材就会跳出来供你使用,让你顺理成章,进而推陈出新,把自己的情意表达得生动、完美,可谓"读书破万卷,下笔如有神"。书读得多了,知识才厚实,才能博古通今,写起文章来才能左右逢源,得心应手。所以,多阅读的确是提高写作的基石。

当然,在阅读的基础上,必须注重积累。尤其是在缺少课外读物和书籍的彝族地区,要让每个学生去阅读更多课外书籍是不可能的。因此,教师要从阅读内容、读书方法上指导学生阅读,提供写好分类读书笔记和做好分类收集名篇佳句等方面的支持。

4. 从网络中积累素材

随着信息技术的不断发展，网络资源、影视歌舞、电子书籍等媒体为学生作文提供了丰富的写作资源。教师可引导学生上网浏览、查询、下载有价值的信息，注意教给学生学会收集信息、处理信息的方法，有选择地积累写作素材，丰富他们的生活，增加他们的表象积累。教师也可以运用网络技术进行教学、写作，多角度积累写作素材。

总之，素材积累是一项长期而细致的工作，教师要引导学生时时做生活的有心人，爱上积累，学会积累，并养成积累的好习惯，这样在写作文时方能厚积薄发，游刃有余。

（三）强化写作训练，让学生勤写

学生在平常的生活实践中，积累了一定的素材，产生了写作的欲望，教师在教学中就应该努力为学生提供倾吐、表达的机会，给学生开辟用武之地。

1. 勤于练笔

学生怕写作文，主要原因是写作练习量不够，无话可说。要想提高作文水平，最根本的就是要养成勤于练笔的习惯，将自己的所见、所闻、所思，自己的喜怒哀乐用文字表达出来。任何技能技巧，都需要反复历练，写作也一样，训练达不到一定强度或熟练程度，就难以奏效。教师可以通过写日记、写周记、写信、自由练笔这几种方式培养学生勤于练笔的习惯，一旦养成，学生写起作文来就能得心应手。

2. 教会学生作文的基本技能

教师在教学中可结合经典的范文进行讲解，使学生了解记叙文、说明文、议论文、应用文等文体的基本要求，能快速审题、立意、选材、构思。坚持以小步子、螺旋式的方式进行训练，让学生逐步内化文体知识，从而熟能生巧地根据写作目的和读者对象，准确地选择主要表达方式且综合运用多种表达方式，而不是简单地套用记叙文、说明文、议论文的刻板模式。

3．将口头作文与书面写作相结合

由于民族语言特性使然，彝族学生说话的语序与汉语不一致，如我们常问："你吃饭没有？"他们说的是："饭吃没有，你？"这种现象属于语词顺序问题，它将影响学生作文语句的通畅。为了改变学生的这种习惯，笔者采用的方法是让他们多读课文，多读课外书籍，积累更多的现代汉语词汇、句式，并通过与彝族学生交流，随时纠正错误。作文课上，先让他们用口语表达作文，师生共同发现错误并纠正，然后再进行书面作文，这样学生作文的质量就有了很大的提高。

4．鼓励仿写

学书法、绘画是从临帖模仿开始，逐步过渡到创作的，学习写作也是同样的道理。彝族学生由于写作基础较差，所以可以"照葫芦画瓢"，指导他们多看些"葫芦"，即多看些文章，从别人成熟的作品中揣摩、领悟一些基本规律、窍门，从而开阔眼界和思路，逐步写出具有自己特色的作品来。

教师还可以亲自示范仿写，教会学生在仿中求创，逐步拓宽学生的写作思路，提高学生的写作能力。

（四）采用多种评价方式，让学生乐写

1．评价方式多样

新课标指出，"实施评价，应注意教师的评价，学生的自我评价与学生间互相评价相结合"。新课标还强调，"重视引导学生在自我修改和相互修改的过程中提高写作能力"。为此，笔者在习作评价的教学实践中将师评、自评、互评相结合，让学生既能学习别人的长处，又能弥补自己的不足，还可以打开思路，让自己的认识从感性上升到理性，从而提高写作能力。

2．有针对性的表扬

一位哲人说过，"只有真实的赞美才最能打动人的心灵"。在语文写作教学中，教师也应该学会表扬，它是教与学之间一座信任的桥梁。在作文过程中，学生如获得成功，就会产生愉快的情绪。如果这种情绪反复多次，作文和愉快的情绪就会建立联系，使学生产生写作文的兴趣，增加写作的信心。

所以，教师在批阅、评改、学生互评作文时，要多发现习作中的闪光点，多肯定写作中的创新之处；多提优点，少指缺点；多一点鼓励，少一点斥责，使学生的创新意识和创新能力不断地增强和提高。教师可以通过举办优秀作文展、推荐发表、范文宣读、学习园地等方式，让学生享受成功的体验，爱上写作。

总之，在平时的语文作文教学过程中，教师要做到学生写作前的科学指导，写作后的细心批阅和点评，不断提高学生写作文的兴趣和能力。同时，教师必须要转变观念，树立大语文观，在要求学生大胆写、自由练的同时，也要提高自身的业务素质，跟上时代的步伐，当好学生习作的引路人。

参考文献：

［1］中华人民共和国教育部. 义务教育语文课程标准［S］. 北京：北京师范大学出版社，2011：13.

［2］叶圣陶. 文章例话［M］. 长沙：湖南教育出版社，2008.

［3］俞毅. 初中作文教学的困境及其出路探究［D］. 长沙：湖南师范大学，2012.

走阅读之路，打开写作之门

柯红英

（四川省凉山彝族自治州　德昌民族中学，四川　德昌）

摘　要：作文教学是中学语文教学的一个重点和难点，学生写不好作文的原因之一就是没有写作的源泉，而由于教学时间紧，教师对学生的阅读指导得也较少。本书作者就指导学生阅读教学进行了长期的研讨，并取得了一定的成效，也因此打开了学生的写作之门。

关键词：作文教学；读写结合；阅读

德昌民族中学地处凉山州的偏远县城，少数民族学生比例占全校学生的 90％，在少数民族学生的教育教学中，作文是最难教的。因为少数民族学校教育设施落后，学生家庭条件差，学生能学到的只是书本上简单的知识，缺少应有的课外知识；加之学校留守儿童太多，很多学生缺乏应有的交流；大多在少数民族学校任教或和农村学生接触过的教师，都深深地体会到学生的作文能力差，三言两语就写完一篇作文，或是废话太多，不懂表达，而且也没内容可写。特别是学校的学生，写一些尽是记流水账式的作文。作文教学成了少数民族学生语文教学中的薄弱环节，课程标准提出的许多教学目标，特别是文化育人的教育目标，在作文教学中难以实现。

一、学生作文现状与问题

笔者曾对初中的学生进行过一项调查，内容为：你喜欢写作文吗？你认为自己会写作文吗？两个小小的问题，调查结果让很多人大跌眼镜，学生几乎都是否定回答。

刚接手现在的班级时，笔者曾迫不及待地想要了解学生的写作水平。也许是对学生的期望值过高，具体原因已记不清了，但实实在在记得在第一篇课文讲完之后，笔者就给学生布置了一篇写作任务。听到要写作文时，全班异口同声地发出了一阵哀号。当然，最后还是如数交了上来，写作情况却让人备受打击：词不达意、语句不通、层次混乱、文题脱节……问题层出不穷。笔者真想问一句：你们到底有没有学过写作？这个问题笔者也曾认真地想过，在他们的小学阶段，老师肯定也进行过悉心的指导，比如：如何根据作文要求列出提纲，如何写开头让文章吸引老师和其他读者的眼球，如何选择典型人物或事例让文章重点突出，如何结尾让文章余味无穷，如何恰当地运用修辞给文章增色……方法讲得不少，但面对作文时，学生却仍然给出一副愁眉加一张苦脸。

从应试的角度讲，作文的分数太具有诱惑力。曾经，为了让学生在这一题里获得比较高的分数，笔者使用过一种比较急功近利的做法：直接给他们提供写作模版。具体说来，就是设定几种开头，要求中间必须分多少个段落，给出结尾的范例文段，让他们按照这种模式去套写每一个题目。晃眼看来，文章结构确实好看了不少，但是一篇文章读完，原来的问题依然存在，学生"谈作文色变"的情况没有一丝好转，真应了网络上流传的一句话："中学生有三怕，一怕写作文，二怕文言文，三怕周树人。"把作文排在第一，可想而知学生对作文的恐惧程度。

经过摸索，笔者也摸出了一点门道。学生怕作文并不是不知道写作方法，而是知道方法也用不出来。原因不外乎以下几点：词汇缺乏；见识太少；信息储备太少。有了这样的认知，笔者认为有必要在方法运用之前给他们再辟一条路径：走阅读之路，打开写作之门。那么，阅读读什么？怎么读？如何去开写作的门呢？

二、在文化生活作文教学中进行读写结合教学的价值

在参与教学实验的过程中，笔者结合课题组的研究资料，认真思考读写结合的方法。其实，读写结合是中小学作文教学的一种基本方法，国内外有很多研究者都对此进行了较为深入的研究。

读写结合存在心理学依据。读属于语言理解活动，是符号解码的过程，而写作是符号编码的过程，在这两个过程中都需要借助语言符号、思维、文章知识、生活体验等要素的参与，因此它们之间存在相通的心理运作机制。

国外学者提出了三种读写结合的教学模式：以读促写模式、以写促读模式和读写互动模式，不同模式有不同的教学功能，但都能够促进学生读写能力的提升。国内有不少研究者也关注读写教学，并开展了教学实践活动，其中影响最大的是广东省著名的特级教师丁有宽老师，提出了"读为基础，从读学写，写中促读，突出重点，多读多写"的教学思想，并设计了适合小学不同年级开展的读写结合教学训练体系。其研究成果在全国很多学校得到推广运用。

三、在文化生活作文教学中进行读写结合教学的方法

1. 腾出时间，选择阅读内容

虽然七年级的学生面对突然增加成七门主科的初中生活会有一定的不适应，但看书却不成问题。不管对谁，时间都像是海绵里的水，是需要挤，才会有的。所以笔者认为，不能把阅读全部留到假期去完成，而要更多地利用上学期间。自习课、作业不多的中午或晚上等，都可以成为阅读的好时机。但时间不要固定得太死，因为一旦哪天学习任务太重，阅读反而会成为学生的累赘，久而久之，就会让学生们厌烦。

时间灵活，阅读任务当然也要灵活安排才好。新课标不是要求把学习的主动权交给学生吗？最初的阶段，可以由教师选择作者，让学生去选择该作者的某篇文章，一周读一篇。待他们适应了初中生活，并熟悉这一程序之后再适当增加任务，一周阅读两篇文章。一篇仍然由教师确定作者，学生选择文章；另一篇则完全由学生选择自己喜欢的作者及其文章。教师选择文章可有意识地选择课本里出现的作者，相当于拓展。给学生一定的自主权，则会让他们感到被尊重，欣然接受阅读。

2. 留下痕迹，说出读后心声

先贤孟子曾说："尽信《书》，则不如无《书》。"面对《尚书》，孟子做出了这样的评价，无疑给我们指出了一条阅读之路：在读书的过程中要有自己的想法。思想是转瞬即逝的火花，为了抓住在阅读过程中的想法，最好的方法无疑是动笔。准备读文时，用专门的本子记录下文名、作者、出版社、阅读时间。读完文章，记录下你在阅读时的感受，表述出自己最真实的想法。如果对某个片段、某些语句感触尤深，也一并记录下来。怎么想便怎么写，语句不用太多，哪怕词不达意也没关系，关键是敢写。写出第一个，才能更好地迈出下一步。每周一至两篇，一学期下来就能读到 40 篇左右的课外文章，写下 40 篇左右的阅读笔记了。这难道不是一份知识储备吗？

在此基础上，老师再为学生搭建一个平台。每次语文课，课前3~5分钟交由一名学生进行阅读推荐，每天一位，全班轮流完再开始第二轮。那么，在学习的这 100 多天里，他们又会接触到更多的文章。在阅读推荐时，谈谈阅读的感悟。一是给学生施加一点点压力，让他们在写时用心去表述；二是给每一个学生都提供了一个上台的机会，让每一个同学都能得到锻炼。

3. 消化信息，开出自己的花蕾

积累做到了，用不出来，也等于是白积累了。所以，在此期间，要根据学生阅读的文章类型，适当地布置一些写作任务。不同于周记，也不同于命题作文，笔者更倾向于给学生一个方向。比如，在七年级上册，我们学过第三单元，给学生提供的作者一定会有朱自清，学生去选择的文章则多半都会有以写景为主的《荷塘月色》《绿》等；提供作者老舍，是因为学过《济南的冬天》的缘故，学生的阅读笔记里面，不出意料地出现了《济南的秋天》。这时，就可以布置这样一个任务：自选对象，写一篇写景类的文章。也有学生仍然会抱怨，但至少我看到了欣然接受的眼神，较之以前，算是一个比较大的进步了吧。学生写出的作品也有了更多的可圈可点之处。"他山之石，可以攻玉"说的就是这个道理吧。

因为有自主选择阅读这个版块，慢慢的，学生们的写作也不像以前的固定统一的模式，而是有了一些变化，这种情况我是欣于看到的。

4. 读写互动，提升学生文化立意能力

在文化生活作文教学中，实施读写结合教学同样可以提高学生的文化立意能力。在阅读教学中，很多作品都有丰富的文化意义，如果阅读教学中能够让学生充分理解文本的文化意义，就会不断提升、丰富学生的文化价值观，为作文的文化立意奠定基础。同样，在写作教学中，如果能够提升学生的文化立意能力，就能够促进学生对课文文化意义的理解与把握。

人们评价教师，总说"教师就是园丁"。在写作这个方面，笔者其实是不想成为一个园丁的。就如笔者在文章前面提到的那样，让学生们形成一个固定的模式，相当于让他们丢失了自我。与其这样，不如给他们留下自主发展的空间，让他们自己选择成长的样式，或许参差杂乱，却是生机勃勃。

参考文献：

［1］中华人民共和国教育部. 义务教育语文课程标准［S］. 北京：北京师范大学出版社，2011.

［2］丁有宽. 丁有宽小学语文读写结合法［M］. 济南：山东教育出版社，1999.

二、实验研究论文评价

通过以上呈现的一线教师教学实验研究成果，我们可以看到一线教师在实验中对作文教学的思考与创新，当然其中也存在一些问题，还需要在今后的教学实践中逐渐改进。

首先，语义教师非常重视学生的作文积累。写作需要积累，已经成为一线语文教师的一个教学共识。但是，如何在作文教学中科学而有效地开展作文教学活动，却是一个值得探讨的活动。实际上，作文积累的途径只有两个：观察和阅读。但是，如何科学有序地开展观察与阅读教学活动？参加研究实验的教师进行了有价值的探讨。左永会老师指出：观察与阅读都是非常重要的积累途径，在教学中需要引导学生观察生活，阅读课内课外文章积累语言和写作材料。柯红英老师指出：作文教学中要特别重视读写结合，并从文化适应的角度对读写结合进行宝贵的思考和探索。

其次，她们非常重视作文语言训练活动。富有文采，是作文的亮点，也是学生作文获得高分的关键点，因此一线教师非常重视学生语言的表达能力。在这次实验中，各位老师同样非常关注学生的语言训练。黄昆老师在教学中系统进行了肖像描写、神态描写、动作描写、语言描写、心理描写的训练，运用各种修辞方法，让学生的语言具体、生动。柯红英老师非常重视通过读写结合提升学生的语言表达能力。

最后，她们能够自觉将文化意识培育与作文教学结合起来。从我们的调查研究中可以发现，很多一线教师在生活作文教学中没有自觉培育学生的文化意识。但在教学实验中，参与实验的各位老师能够意识到作文教学中可以关注文化生活，通过文化生活作文培养学生的文化意识。黄昆老师虽然在论文中重点呈现了自己训练学生运用写作方法的策略与方法，但也关注学生在作文中选取有文化价值的生活素材，要善于"寻找身边的文化符号"，让学生选取有文化意义的生活素材，挖掘文化主题，避免作文选材雷同，主题千篇一律。左永会老师也认为："彝族是一个有着独特风俗、人文的民族，让彝族学生试着去观察自己所熟悉的民风民俗，自己熟知的周围环境，用心去理解、感受生活，捕捉生活中的闪光点。"特别重视教育学生观察文化意味明显的民族生活事件。

当然，从她们的研究过程与结果中，我们也发现一线教师开展文化生活作文教学研究存在一定的问题：首先是实验研究没有收集大量的数据以及分析数据，当然，很可能是一线教师教学工作繁忙，加之这些事情耗时耗力的原因。但是，无论怎样，科学研究肯定要特别重视数据的收集、整理与分析，发现问题并找到问题出现的原因，从而提出有针对性的解决方案，并进一步检验实验效果。其次，一线教师应避免研究的随意性，研究活动需要按照预先的实验设计逐渐开展，需要提前制订较为具体、科学的研究实施方案（需要吸收已有研究成果）。

第二节　实验学校学生作文展示与评价

一、学生作文展示

　　下面选取了实验班部分同学假期写的一些作文，这些作文都是原生态的，没有经过指导教师修改，有些作文句子不通，甚至有些作文还是记流水账。尽管如此，学生的作文依然很精彩：作文中出现了彝民族地区留守儿童、留守老人的形象，孩子们感受到节日欢乐背后生活的艰辛、分别的痛苦，也反映彝民族地区大量人员外出务工给学生的精神带来的冲击；作文中还出现了贫困的母亲、慈爱的父亲、友善的乡亲、助人为乐的青年人。

作文 1：

欢度火把节

德昌民族中学 2015 级 5 班　阿侯阿牛莫

　　岁月悠悠，时光辗转，窗外又已是花开。时间像门前的溪流一样，一去不复返，转眼间又到了过火把节的时候。火把节，这个神圣的节日，让多少流浪汉回到了温暖的家与亲人团聚。以前，在村口的大树下总会坐着那么几个老人，他们望着通向外面的那条路，时时刻刻都在盼着在异乡的孩子能够回来，一起过这欢乐的日子。

　　今天，老人们的愿望终于实现了。

　　火把节这特殊的节日，肯定得有特殊的过法。在我的家乡，火把节是比较隆重的，要过两天。每一天吃的东西和做的事都是很有讲究的。第一天当然得吃传统的食物，像荞麦饼、坨坨肉、杆杆酒、酸菜汤等都是传统食物，吃饭时一家人围坐在一起，一边享受

181

着美味，一边谈论着各种开心的事情。家家都充满了温馨，充满了欢声笑语。

到了晚上便是最热闹的时候了，村中的孩子们个个都高举着火把，一群一群地走在公路上，有时还在房前屋后转动着，有时还跑去田里，希望能迎来一个好的丰收。这燃着的火把从远处看，像一颗颗明亮的星星坠落在地上，散发着耀眼的光芒，像一条舞动的"金龙"，像一朵朵无根的花绚丽的开放在黑夜中。这样的黑夜实在是美极了，美极了。

第二天，对于我们这些天真活泼的孩子来说，是最好玩不过的了。早晨天还未亮，但是每家每户都已经是炊烟袅袅了，每家都杀了三只鸡。这些鸡的鸡毛必须是金黄色的，把每只鸡分成两块鸡腿和两块鸡翅。天亮了，家中的男人一排排地端着鸡毛向村口走去，后面则跟着妇女和孩子。其中男孩子手拿着有鸡爪的鸡腿，女孩则拿着鸡翅。到了村口，男人们一路的撒鸡毛，其他的人则跟在后面踏着鸡毛向家走去。这寓意着要走"黄金大道"，要做光明正大的事，要做一个堂堂正正的人。途中男孩子随之拿着鸡爪抓一下鸡毛，说是长大以后能财源滚滚，女孩子则手里拿着鸡翅，展开双臂跑去，说是带上理想的翅膀，去实现梦想。中午孩子们背着各自的鸡腿和鸡肉去小溪里洗澡，在水上吃鸡肉。大人们都说这样能洗掉以前的错误，洗掉病痛，洗掉所有的烦恼，以后能开开心心的。晚上孩子们又举着火把在田间绕来绕去的了。

热热闹闹的火把节过完了，村里又恢复到以前的平静，村中的年轻人到外面去闯他们所谓的事业去了。村口的大树下又坐着几个老人，他们又在慢慢地等待着下一个能和家人团聚的日子到来。

我喜欢"千门万户曈曈日，总把新桃换旧符"的春节，喜欢"但愿人长久，千里共婵娟"的中秋节，但是我更喜欢欢乐的火把节，她代表着勤劳朴实，热情似火的彝族人民。

岁月悠悠，时光辗转，窗外又已是花开，什么时候那树下孤独的老人们才能再次和家人团聚呢？

作文 2：

一件令我难忘的事

德昌民族中学 2016 级 5 班　　陈槿

　　农历六月的到来，不仅代表夏天最炎热的时候来了，也代表着一年一度的火把节到来了。每年这个时候即使远在天涯一方的"歪果仁"也会来凑一凑热闹。每一次火把节总是令人难以忘却，但今年的火把节却让我无法忘怀。

　　火把节那天一大清早我便起了床，准备去大街上一睹彝族小姑娘、小伙的风采，却让我见了令人潸然泪下的一幕。

　　他们是一家人，母亲带着两个儿子，大儿子估计有十四五岁的样子，而小儿子可能只有四五岁。没有穿着华丽的彝族服饰，却也有一番独到的民族文化。估计他们从很远的地方步行而来，衣裤上全是泥渍。母亲背着一个背篓，里面装着一些我不认识的东西。

　　突然，他们停了下来。只见那位母亲从衣兜中拿出一个破旧的荷包，接着又从荷包里面拿出一沓皱巴巴的零钱来。然后，用那布满老茧的粗糙的手数着，数到一半时递给大儿子，嘴里还念念有词，大儿子一边用手搂着一边示意明白。

　　接着她又重新数了一点给小儿子，用慈祥的目光看着小儿子，并微笑着对小儿子说着什么。这时小儿子的脸上立刻露出了甜甜的微笑并看着母亲然后接过钱，径直走到路边的小商店里。

　　那位母亲又将剩余的钱数了数放回了荷包，我看了一眼可能只有几块钱了。过了一会儿，小儿子手里拿着"战利品"满载而归，并且看着他母亲笑，而那位母亲也对着自己的孩子笑。

　　谁会想到，即使家境贫寒，母亲对自己孩子的爱却一点儿也没有减少，即便只有一点钱也要将大部分都留给自己的儿子，宁愿自己少花一点也要自己的孩子开心。这便是母亲对孩子的爱。

这让我想到了自己的母亲，虽然平时母亲对我管教严厉。但是，母亲对我的爱也丝毫没有减少。相反，母亲对我的爱可以说是无微不至，就像那位母亲一样，宁愿自己少一点也要先把我的给足。

虽然，火把节带给我的快乐不少，但我觉得今年的火把节带给我的感悟更加深刻，更加难忘。

（指导教师：左永会）

作文3：

一件令我感动的事情

德昌民族中学 2016 级 6 班　范茹

那天，整个凉山州的上空都是火红色，火把上的火苗都窜上了蓝天。

细细一看，原来那是点点火把吐出的焰火，坝子上人山人海，摔跤、达体舞、打火把，一样都没有落下。望着远方熊熊的烈焰，欣赏着那狂欢的人群，没有几个熟悉的脸庞，都是来自远方的游客。生于斯长于斯的乡亲们，为了生计，背井离乡。把这原本属于自己的故土与节日，无可奈何的谦让给大都市的游客。

那一天，在大多数人不知道的地方，作为留守儿童的我独自一人在孤单地欣赏着那微小却又充满幸福感的画面。

那是一个老妇人，宽大的袍子遮住了她那瘦小的身躯，寂静而冰冷的夜雨烤着土豆和红薯的炉散出的淡淡白雾与浓浓夜色相融。看着老妇人，我不禁叹息，不止为她，更是为了自己在如此热闹的节日里独自一个人而叹息。

"吱呀……吱呀……"一辆旧得掉漆的小车缓缓向老妇人驶去，我停止脚步，"你怎么来啦？""唉！放心不下你呀！"老头搓着手紧张地说，他们应该是夫妻吧，老妇人看见老头时，眼睛都亮了。

"我给你做了点吃的,都在里面了,趁热快吃了吧!"老头看着老妇人不说话,又连忙说道。"回去吃不也一样嘛!""我怕你饿,就送来了。"说着就迅速地将饭盒打开了,然后变戏法似的拿出一个折叠凳,"坐吧!""你啊!性子就是这么急!孩子们不在身边,我们肯定要照顾好自己呀!"老妇人嘴上虽然在抱怨,可那混浊的眼睛中却泛起了亮光。烤炉的暖意和丝丝的甜蜜都融入其中。

"咳……咳……""天气好像有些冷了,加件衣服吧!女儿刚快递过来的"说着将外套轻轻披在老妇人身上,然后将她垂在耳边的几缕白发,捋到了老妇人耳后,两人相视一笑,画面如此温馨,作为旁观者的我嘴巴不知不觉上扬了。

"嘟……嘟……"我手机突然响起,"妈……"我失声喊道。

此时,无形的默契将喧闹的世界隔开了,在这个平常的角落下,充满了温馨与爱!看了他们一眼,我离开了。

远处的蓝天依旧是火红色,可我心中不再孤单了。我知道我的父母和他们的儿女,尽管浪迹天涯,心依旧在故乡,系在这热情的火把节。

作文4:

一件令我难忘的事情

德昌民族中学 2015 级 14 班 卢万英

又是一个,把你双眼点燃的七月,每年的七月就是我们彝家人的传统节日——火把节。这是"东方的狂欢节",是一个让人流连忘返,久久都不舍忘记的节日。

我们彝族人对火,有着最崇高的信仰。因为,彝族有些长老或毕摩说过:"火可以煮东西吃,可以强御外敌,可以驱逐邪灵。"我们的火把节三天都与"火"有关。第一天,为迎火神;第二天,"玩"火神;第三天,送火神。

火把节的第一天为迎火神。我们分别在家里、庄稼地里挥一挥火把。这样，为家里驱逐邪灵，为庄稼驱逐邪虫。而且，较富的人家杀猪，较穷的人家杀鸡。火把节的第二天，才是最精彩的。我们都会一家出一根大柴，堆在一起，点起熊熊大火。有的孩子还会在火堆前唱彝族歌，或跳彝家独创的舞蹈。火把节的第三天呢，不怎么有趣。因为，我们把火把举到了指定地点。我们就把火把扔了迅速离开。

在第三天，我们彝家人说："不能落后，否则会让邪灵跟上。"今年，我们朝着回家的方向跑时，有一位老奶奶突发疾病。我们着急地前去看。我妈妈率先轻轻扶起老人说："怎么了，是不是老毛病又犯了……"还没等我妈说完，老人就开始四肢摆动说："救……救……救心丸。"我妈轻轻地放下老人，毫不犹豫地跑去这位老人家。别人都着急的不知所措。有几个，好像是护士或医生的，就一个掐人中，一个做心肺复苏抢救。时间过了一分又一分，还没有见到我妈回来。众人着急的眉头紧皱着。大家都催着我去看一看，就连狗都催我"汪汪"叫，我正要去时妈妈手上拿着药和水拼命地跑下来了。这一刻，我才想起老人没有告诉妈妈家的准确位置。妈妈为老人服下了药。终于，情况有所好转。不过一会儿老人就恢复了意识，被她家人带走了。这下，我和妈妈才长叹一口气，我和妈妈这才放心的回家。吃过晚饭不久，我们就早早地睡了。

晚上十一点左右我听到了敲门声。一开始我还不以为然，但敲门声还在继续，而且越来越猛。我开始害怕了，因为今天可能送火神不咋成功。而且，出现了如此惊心动魄的事。我害怕地把自己捂在被子里，心里恐惧到了极点。突然，有了开门声。我发现不对劲了。小心翼翼地到门口。原来是白天那个老人向我妈来道谢。这下我才放心。老人流着泪说："谢谢！如果不是你，恐怕我……我早上黄泉路了。"我妈着急地说："不，不许这样说，邻里互相帮助，是正常的，不要斤斤计较，都是一家人。这么晚了，我扶你回家睡觉吧！"老人激动地说："好，好。"妈妈慢慢地搀扶着老人回家了。

不知为何，我觉得这时最美。

我们的火把节，难忘的火把节啊！曾经，只是我们对邪灵、害虫的畏惧。但现在却成了我们必不可少的团聚、团结、互助的节日。这个节日，我一定会永远记在我珍贵的百宝箱中。

作文5：

一件令我快乐的事情

德昌民族中学 2015 级 10 班　关秀

我的家乡凉山州是一个少数民族的聚居地，这里有着独具特色的民风民俗，是火把节的故乡。

火把节是祈祷幸福、祝福吉祥的节日，火把节原指是驱虫灭害，保佑庄稼获得丰收，每年的农历六月二十四日是凉山州彝人过火把节的日子。

火把节的第一天，各家各户清洗炊具，杀鸡宰羊，筹备丰盛的节日餐宴。吃晚饭前，大人们把饭盛进簸箕里，把菜放在盘子里，筷子与勺子放在菜上，然后一起摆放在门前，希望已过世的老人们回来吃顿饭，来看看儿孙，保佑在世的家人平平安安，健康长寿，并把家中的不吉利带走，祭拜完过世的老人，全家才开始吃饭，晚饭后，老老少少都走出家门，不约而同地来到寨口，用火把烧几堆熊熊的篝火，老的聚在一起，小的也聚在一起，女孩们手牵着手围绕火堆念起火把祝词，人们迎着金灿灿的火光，跳啊，笑啊，祝词一声高过一声，欢乐一浪压倒一浪，此起彼伏，在山谷中久久回荡。

火把节的第二天，是节日的高潮，四面八方的彝族人民都聚在一个固定的场地，火把节的场地是一块圆而平坦的草坪，外围是浓密的树林，过节的人们坐满了草坪周围，这天要进行斗牛、斗鸡、赛马、摔跤等各种类型的活动。

火把节的第三天，是选美活动，姑娘们穿着节日的盛装，佩戴金银首饰，每人撑一把黄油布伞，相互牵着彩色的三角巾，在草坪上围成一个又一个的圆圈，跳起优美的舞，唱着委婉的歌，五彩艳丽的裙子摆动着、旋转着，姑娘们努力展示出自己的美，记者们可忙坏了，又是拍照，又是录像，人们很是快乐，脸上洋溢着欢乐，篝火越来越旺越热情。

家乡的火把节随着历史的演进，社会的进步，逐步发展成为集民间体育、文化活动和民风民俗展示为一体的盛大节日，近年来，每逢火把节各个地方的人民在一起共度佳节，共度欢乐。

作文 6：

一件令我开心的事

德昌民族中学 2016 级 17 班　马志花

在成长当中我们经历了许许多多开心的事，我相信每个人都有自己开心的事，我也不例外。

一年一度的火把节来了，每个人都在忙，忙这个忙那个的准备着欢庆节日。邻居小玲家买了很多烟花、鞭炮准备着。可是我们家的条件往往赶不上她们，所以没买。我有点失落，因为明天就是火把节了。但我安慰自己要开心，就算没有烟花，也准备有火把啊！我自信的在心里安慰自己。

这时候，爸爸走过来问我："怎么啦？"我说没事。爸爸似乎看出了我的心思似的就说："走，出去逛逛。"

爸爸和我亲热的聊起了天。这时卖鸡的来了，我们挑了一只大的公鸡过节。一想到明天过火把节有好多好吃的，我高兴得像是发疯了一样，太开心了！火把节每年只有一次，期限只有三天，现在终于把它盼来了。

我和爸爸把鸡拿回家了，爸爸突然说："我出去一趟，晚上才回来，听妈妈的话，多做一些家务活。"我答应着，同时又很好奇爸爸出去干吗。

晚上我们等爸爸一起吃晚饭。叮……叮……叮……我跑过去开门，爸爸回来了，我问：爸爸你出去干吗呀？爸爸说："你打开口袋看一下里面是什么"。我高兴地跑过去打开一看，惊讶地说："哇，烟花！"我太高兴了，连忙谢谢爸爸。

火把节到了，家里杀鸡祭祖先，到了晚上我点亮了火把，到广场上去玩了。我一手拿着火把，一手拿着烟花，我走到朋友们的身边，跟他们说："看，我也有烟花了！"他们也很高兴。

到了燃放区，我们开始点烟花。我和朋友们在烟花声中一起欢呼跳跃，唱啊，跳啊，欣赏着美丽的烟花在天空中绽放……

这次火把节真让我开心，因为在火把节之夜我第一次点燃了烟花，它不仅是庆贺节日的烟花，它更是爸爸对我的浓浓的爱的燃放。

作文7：

一件令我快乐的事

德昌民族中学 2015 级 10 班　彭洁

夜幕渐渐降临，黑夜笼罩了整个小镇，人们手中的火把渐渐被点亮。火把的光芒慢慢取代了夜晚的黑暗，远处的点点星火，像照着眼睛的星星一般跳动，近处，人们的欢乐与幸福声声入耳！

啊，盼望已久的火把节又到了，人们都兴高采烈的用各种形式欢度着这个愉快的节日。

我和姐姐拿着火把，提着松香，加入了这个火把节的狂欢中。来到里面，眼中看到的只有欢乐的人群，每一个人都拿着火把欢歌劲舞。

我和姐姐来到了一个火把堆前，这里有许多人在跳火把，听爷爷奶奶那些老一辈的说，只要你勇敢地跳过这熊熊燃烧的火把，你所有的疾病和灾难就会统统不见，迎接你的将是幸福与快乐。

我们也加入了跳火把的行列，每当有人跳过时，大家便一齐向火把上撒松香让火焰在一瞬间烧得更加热烈，这时跳的人往往会尖叫一声，逗得大家捧腹大笑，撒着撒着，笑得更欢，我由于害怕，一直都说在我跳的时候不要撒松香，直到大家都点头，我才敢安心地跳，可我跳的时候，大家却好似忘了答应我的，又向我身下的火把撒去松香，身后突然一瞬间变热了，我被吓得尖叫起来。跳过之后，想起自己跳时的那份勇气，总觉得很欣慰。

跳过火把后，大家又开始围着火把跳舞，大家手牵着手，围着火把组成了一大圈，一边唱歌，一边跳舞，似乎忘记了时间，忘了世界，所有人沉浸在这欢乐的歌舞中，熊熊燃烧的烈火和火把照亮了我们的心田，温暖了我们的心灵，那一闪一闪的火星，是人们欢乐和幸福的证明！

让我们在这个欢乐的节日，尽情地唱吧！跳吧！让我们的舞蹈感动这跳动的火苗！在这欢乐而庄重的日子里，让我们尽情地欢笑，尽情地放松，让我们的歌声与舞蹈为这夜晚增添一份生机，为这火把节更加的欢乐，让我们尽情地欢呼吧！

作文 8：

一件让我高兴的事情

德昌民族中学 2015 级 14 班　守次次各

万众期待的火把节来临了，作为一个彝族女孩，我很兴奋。火把节是传统的彝族盛会，流传至今，已不再只是彝族的节日。每到火把节，各民族的人们都会欢聚一堂，共同度过美好的三天，而火把节也被称为"东方狂欢节"。

第一天一大早，人们就在为晚上的盛会积极准备着，周围弥漫着浓浓的节日气息。下午妈妈做好饭，拿了一些供给祖先，祈求祖先保佑我们一家人平平安安，一帆风顺。到了吃饭时间，我看着餐桌，发起了呆。以前我们一家人是那么的开心：哥哥搞笑，爸爸讲故事，妈妈做饭，家里充满了我们的欢笑声。可今年少了爸爸和哥哥，他们正在外边打拼，只为让我更快乐的成长。傍晚，我们点着火把在街道上走着，人多的时候像一条龙蜿蜒着。

我们把火把聚在一个大坝的中间燃烧，然后围着篝火跳着我们的舞蹈。可我的内心总是空落落的，如果我的爸爸和哥哥能和我们一起过火把节那该多好啊！可是他们在遥远的地方，想和家人过火把节，也是事与愿违。

第二天，我很早就起床，望着爸爸和哥哥回家的方向。却怎么也看不见他们的身影，我看着一群又一群欣喜若狂地往家赶的人，却望穿秋水也未见我期盼的那两个亲人。远方的亲人啊！你何时回来啊，这里有人在深深的思念着你们，让我们过一个圆满的火把节吧！我盼望着，盼望着。渐渐地我开始不敢抬头看向那条曲折、蜿蜒的路，我怕再次看到一样的结果，我埋头住家走去，眼泪在眼眶里打转，我忍住不让它往下掉，作为一个彝族女孩我应该要坚强。突然有人叫住了我，声音有点像哥哥的，也许是我幻听了，我继续走着，可还是听到有人叫我，我转过身，看到了我一直在等待的两个人——我的哥哥和爸爸。他们回来了！他们回家过火把节了！我终于见到他们了！我激动的不知道说什么好，哥哥却先开口说了："刚才怎么叫你都不理我。"我看着哥哥，他变了，变得成熟，有担当。再看爸爸，斑白的两鬓，皱纹爬满了他的脸颊，但依然用粗糙的大手，撑起了我们这个家。他们该有多辛苦啊！

我们一家人一起观看了斗牛、赛马、摔跤、跳舞等活动。晚上，我们围在哥哥身边听他讲各种笑话，妈妈做好了丰盛的饭。吃过晚饭我们点着火把玩到半夜。这一晚过得很充实。

第三天才是最令人期待的，要点上最大最好的火把，拿点着的火把插到火把里。点上火把，每家一根火把，然后到一个地方把火把堆成一堆燃烧。我们的毕摩围着火堆旁祈求神灵保佑我们在下一年身体健康，硕果累累。

欢快的火把节转瞬即逝，早上我还做着甜美的梦，哥哥就把我摇醒，他说他们要走了，我一时明白不过来，就说你们要去哪里我也要去。哥哥说他们回去打工。我依依不舍地看着他们越走越远，直到消失在我的视线里。是啊！谁又不想待在家里和家人生活呢？只是为了生活他们不能这么做，过节不能回家，忍受着别人的白眼和歧视，可他们必须忍着，打工是唯一能挣钱养活家人的方式。所以我要好好学习，让他们不用再这么辛苦的打工，我要让他们过上好的生活。虽然他们只待了两天，可是他们陪我过完了火把节，这已经让我非常高兴了。

彝族是由一群顽强拼搏，坚强不息，努力摆脱困境的人组成的。我作为一分子，更要努力学习，发扬我们的民族精神。希望下一个火把节我会和更多的人一起度过。也希望还在世界的某个角落里打拼、游荡的游子回到家人的身旁，过一个圆满的火把节。

作文 9：

一件令我感动的事情

德昌民族中学 2016 级 5 班　孙子布呷

彝族人崇拜火，凉山彝族火把节已成为最具有魅力的中国十大名节之一。

火把节一般要举行三天。第一天比较普通，第二天就特殊了，举行"都格"。这一天所有人都穿上自己最喜欢的衣服，扶老携幼，喜气洋洋地前往火把场。火把场上会进行各种文娱和体育竞技活动，有摔跤、赛马、斗羊、斗鸡、斗牛、爬杆、唱歌、跳舞、选美……人们在火把场上聚餐，畅叙友情。

在这一天举行斗牛比赛时，一头来自北方的黄牛和一头来自南方的黑牛，经过 20 多分钟的激战，最后黄牛胜利。

此时黑牛生气地冲向我和一位七十多岁的老人。我一时紧张没有把老人推到安全的地方，反而躲在了他后面。这时一位健壮的青年把老人推到安全的地方，自己却被黑牛撞倒在地，并在他身上踩了两脚。

但是这位青年像没有事的人一样满面笑容地站起来悄悄地离开了。我想他一定会很痛，但他为了帮助别人自己却好像没什么事一样。我想他一定是受伤了，他肯定会去医院。于是我们就到医院去看他在不在。结果他胸部的一根肋骨被牛踩碎了，可是他却对我说："帮助别人是一件快乐的事，助人为乐嘛！"

想到自己刚才的行为，我不禁惭愧地低下了头，心中充满了深深的自责。他的这种乐于助人的精神，真是太让人感动了，他给我们做出了榜样，他的这种精神值得我们学习。

我们这个社会也因为有了许多像他一样的人，所以才更加美好！难忘火把节，难忘火把节里的事。

作文 10：

一件令我尴尬的事情

德昌民族中学 2016 级 5 班　唐秋珊

我的民族是一个以火相依的民族——彝族。彝族最隆重、最盛大的节日就是火把节了。今年的火把节有欢声笑语，但也有一件尴尬的事情发生，让我在欢乐之余体会到了另外一种人生的经历。

事情是这样的：今年的火把节，我回到了阔别三年的故乡，这里的一切都变得那样的陌生了。晚上，我穿上漂亮的彝族服装，手握点燃的火把，走向村部。这个地方是我们村的村民们每逢过年过节都会到那里聚会的一个开阔的地方。我们把火把堆在坝子中间，手拉手一起围成圈跳舞，跳的是我们彝族的达体舞。在跳舞过程中我感觉自己挺厉害的，几乎都学会了。可能是我之前学过跳舞的缘故吧，所以跳的还不错。之后那些村民们都一个劲儿地让我带头领舞，我信心十足地向前迈了一步，随着音乐的响起，我摆动了起来，一开始还跳得挺不错的，但是到了后来嗨过头了，发现旁边的人一直在笑我，我感觉很奇怪。跳完之后，我问他们怎么回事，他们才笑着说我刚才跳错了，还抢拍了，但是跟在我后面的人跳的都是一致的，所以很明显，我跳错了。听到这里我的脸一下子红了，真想找个洞钻进去，真是尴尬死了。

直到后来的跳阿诗且的时候，我才扳回了一局，因为前面的失误，导致我后面跳的时候都不是很放得开，但我还是赢得了村民们的掌声和肯定，心里甜滋滋的。发奖时，我还拿了一个一等奖呢！

这就是在火把节里，一件最令我尴尬的事情。这是一个既开心又尴尬的节日，从中我也学到了一些道理。那就是人要学会控制自己的情绪，胜不骄，败不馁，要以一颗"不以物喜，不以己悲"的心去对待身边发生的一切事情。

火把节离我已渐渐远去，我也离开了家乡，但它给我的启迪却永远伴随着我，也许明年还会回来过火把节。

作文 11：

一件令我伤心的事情

德昌民族中学 2016 级 5 班　　朱群

听，您听，是脚步声，多么清晰而又响亮的脚步声。这声音离我们越来越近、越来越近，啊！它似乎在离我们一步之遥的地方，注视着我们。哦，原来是它，真的是它。它，就是我们彝族一年一度的火把节。

母亲曾说过，火把节是非常吉祥的日子，也是我们彝族的传统节日，所以人们都非常重视。但是今年未必如此，就在人们准备尽情享受火把节给他们带来的快乐时，他们并不知道一场灾难正向他们逼近。

一场冰雹痛痛快快地打了下来，残忍地将人们的希望吞没了，它如一匹饿狼，将烤烟的生命玩弄于指掌。想打的地方打的一颗不剩，不想打的地方就留下一部分，让他们生不如死的活着。看着烤烟奄奄一息，半死半活的样子我心里真不是滋味。而谁又懂得我们这些靠种烤烟生存的人的心，恐怕没有。人们一年的希望就这样成了泡影。他们一年来的辛勤付出化为了零，所以大家自然也没有什么心情欢度火把节了。人们都说今年的火把节不吉祥。人们本应该过个热闹的火把节之夜，却在悲伤中度过了火把节之夜。

即使这样，日子依然要过下去。人们依然聚在一起过火把节。但是我从他们说话的语气和狼狈的身影中看出他们的伤心、难过和心不在焉的样子。我们家也是受害者，我也非常伤心，但没有办法，消沉又有什么用呢？我们只有过好眼前的日子，重找一条出路，日子一定会好起来的。火把被人们点亮了，那不光是一团熊熊燃烧的火，那也是人们点燃的希望之火。

人们渐渐从伤痛中走了出来。在点燃火把时，我替大家许了个愿。就是在接下来的日子里，希望不要再有灾难降临，一切顺利吉祥安好！

二、学生作文评价

从作文中我们发现，开展文化生活作文教学，让学生写自己熟悉的文化生活事件，学生会下笔千言，而且学生已开始对自己的民族文化进行反思，对现代文化与传统文化冲击开始有困惑、有思考，写出了一些非常有"深度"的作文。

有些作文开始思考传统文化与现代文化、本民族文化与他民族文化的关系。在作文3中，范茹同学这样写道："望着远方熊熊的烈焰，欣赏着那狂欢的人群，没有几个熟悉的脸庞，都是来自远方的游客。生于斯长于斯的乡亲们，为了生计，背井离乡。把这原本属于自己的故土与节日，无可奈何的分享给大都市的游客。"这里就非常深入地反映了现代文化对本土传统文化冲击的现实，学生们开始思考与焦虑传统文化的处境。在作文 5 中，关秀同学这样写道："家乡的火把节随着历史的演进，社会的进步，逐步发展成为集民间体育、文化活动和民风民俗展示为一体的盛大节日，近年来，每逢火把节各个地方的人民在一起共度佳节，共度欢乐。"

有些作文开始思考传统文化的内涵。在作文 4 中，卢万英同学这样写道："我们的火把节，难忘的火把节啊！曾经，只是我们对邪灵、害虫的畏惧。但现在却成了我们必不可少的团聚、团结、互助的节日。这个节日，我一定会永远记在我珍贵的百宝箱中。"在这里，小作者揭示了火把节的文化内涵，特别是赋予了火把节新的意义。在作文 11 中，朱群同学开始思考，"母亲曾说过，火把节是非常吉祥的日子"，可是今年的火把节，"人们都说今年的火把节不吉祥"，最后感受到"火把节的火点燃的是希望之火"，这是对火把节的文化内涵的深刻理解，也蕴含对传统文化认识的怀疑。

还有一些作文，文化意味不明显，但蕴含了深刻的文化意义，只要教师稍加点拨就能够写出非常有深度的文化生活作文出来。比如作文 9 中，孙子布呷同学写了斗牛，重点写了斗牛场乐于助人的年轻人，中心也较为鲜明，但是新颖性和深刻性不够，实际上，小作者选取的是一个非常好的素材，稍加引导，作文新的主题就会出来。这里，我们可以让小作者把"斗牛"中你死我活的争斗场面与年轻人勇于助人的场景进行对比，新的主题就立即呈现出来；也可让作者写斗牛的血腥与观众的狂热，对传统文化中人对待动物的态度进行反思。

当然，可能有读者会认为，这些作文并未明显体现文化适应教育的结果，因为没有看到两种不同文化观的直接冲突与整合。这种看法是非常功利和片面的，而且也缺乏敏锐的眼光。比如作文 3 中范茹这样写道："望着远方熊熊的烈焰，欣赏着那狂欢的人群，没有几个熟悉的脸庞，都是来自远方的游客。生于斯长于斯的乡亲们，为了生计，背井离乡。"这里就看出作者已经感受到工业文化对传统农业文化的冲击，并对此产生了困惑。更何况，进行文化适应教育是一个自然的过程，作文中反映文化事件、思考生活价值，都是为文化适应做铺垫。比如，同学们在写火把节的时候，反映了对先辈的尊敬与怀念，而这一种习俗与文化观念在汉族的春节里同样存在，学生就会自然发现火把节与春节之间在价值观上完全一致，自然而然就会从根本上认同这两种节日。相反，如果我们只是喊口号，强迫学生写出我们需要的文化生活作文，只会让学生十分反感。在文化适应视域开展文化生活作文，并不是说非要学生在作文中反映文化的冲突与整合，只要学生能在作文中对不同生活事件背后的价值观进行反思，就在为文化整合奠定基础，一旦有机会与不同文化相遇，文化整合乃是水到渠成的事情。当然，如果能引导学生关注日常生活中各种冲突事件，反思其背后的文化价值观的冲突，也是非常有价值的，其实做到这一点也不是太难，笔者也将继续开展教学实验。

第七章　课题研究总结与展望

课题研究目前已经告一段落，在研究的过程中获得很多宝贵的经验，为今后进行较大规模的教学实验奠定了坚实的基础，同时也为今后新的研究方法提供了很多启示。为此，笔者对研究进行简要总结，并展望今后的研究工作。

第一节　课题研究总结

一、尽量减少教学实验研究的干扰因素

在课题研究之前，笔者特别希望能够很好地控制实验的干扰，在学校的选择、实验教师的选择方面都花费不少工夫，与实验教师也进行了面对面的交流。但是，在实验过程中发现，实验教师关注的内容与课题研究目标存在一定差距，她们更加关注教学效果，关注能不能提高学生的作文分数。实验前笔者也考虑到这些问题，因此设计了一个系统的实验方案，但教师往往关注自己认为最有价值、最有效果的部分。当然，这也是开展教学实验时会遭遇的最为棘手的问题。

通过这次课题研究我们意识到，在教学研究中一方面需要满足一线教师的教学需求，另一方面需要实验教师深入认识整个实验不同目标之间的关系。特别是作文教学，如果单纯重视技巧技能的训练，其教学效果是非常有限的。此外，还需要引导教师认识到，作文教学不能把眼睛仅仅停留在分数上面，停留在技巧上面，而应该

看得远一点，明白作文教学的文化育人价值，明白作文教学在孩子精神世界建构中的不可替代的价值，这样教学效果会好一点。

二、通过研究提升参与学校教师教学与研究水平

教学实验研究，不仅要全力达成研究目标，而且还要考虑实验学校的需求。在研究的过程中，我们发现一线学校的校长非常欢迎我们到他们学校开展课题研究，同时也希望通过研究提高教师教学与科研水平，提升学校的教学质量。因此，如何通过课题研究，为参研学校打造一支研究队伍，或一个高水平教学团队，是研究中需要认真思考的问题。

从以往的教学实验研究过程中我们发现，中青年教师参与研究的热情很高，而年龄稍长没有评职称需求的教师，参与热情度较低。因此，组建研究队伍不能依靠行政命令，而是依据教师的意愿。依靠兴趣组建的研究队伍，才能够积极主动开展教学实验，提高教学实验的质量。

此外，还应该为参与教师提供机会。在本次课题研究中，笔者鼓励参研教师积极撰写论文，并为她们提供力所能及的帮助，比如指导选题、修改论文等。正是如此，此次参与课题研究的几位一线教师都写出了自己的论文，而且有的教师还在大学学报公开发表了研究论文。

第二节　课题研究展望

课题研究结束后，笔者还将继续课题的研究与推广，继续拓展与深化自己的研究领域，争取在生活作文理论研究的基础上开展文化生活作文和审美生活作文研究，形成完整、系统的生活作文研究。

一、继续优化实验方案和推广教研成果

（一）优化文化生活作文教学实验方案

在课题研究中，笔者已经提出了"一横四纵"作文教学模式，强调以"社会主义核心价值观（文化价值观）"为纬线，将选材、立意、语言、表达技巧串联起来，形成一个有机的整体。应该说，这一方案设计在整体上是科学合理的，但是在实验过程中发现教学实验方案还是存在一些问题。

本次实验的教学设计方案较为笼统，导致教师自己进行实验多多少少存在一些问题。在今后的教学研究中，需要与不同学校教师一起，结合学校学生的基本情况，设计出更为具体、更有针对性的教学实验方案。比如，可以针对初一、初二、初三学生作文的实际水平设计出具体的实施方案，也可以针对全彝族学生班级、彝族学生为主体、汉族学生为主体等不同类型的班级设计不同的教学实验方案。这样，可以避免一线教师在进行实验的时候顾此失彼或随心所欲，而且在与一线教师共同设计的过程中，也能避免课题研究方案脱离实际，教师接受困难等问题，从而为课题实验顺利进行奠定坚实的基础。

（二）积极推广课题的研究成果

课题研究共计3年，在3年中需要进行调研、实验方案设计、实验开展、实验数据收集与整理、实验成果总结（论文与专著写作）等活动，这些活动都会花费很多时间，因此难以开展3年为一完整周期的教学实验。尽管如此，实验取得了令人满意的效果。笔者坚信如果能够持续3年开展文化生活作文教学实验，其教学效果一定是显著的。为此，课题组将在课题研究结束之后，继续在实验学校和其他学校开展第二轮（3年）教学实验。这样，一方面可以继续完善教学实验方案；另一方面可以推广教学研究成果，让课题研究成果发挥更大的社会价值。

本次课题研究主要在彝族地区（少数民族地区）展开，能够更好地体现课题研究的社会价值。其实，在其他地区展开文化生活作文，也具有非常重要的价值。因为文化生活作文是一种深度写作，能让学生观察生活、思考生活，写出有一定深度的作文，避免作文"假大空废"出现的问题，同时通过文化生活作文，培育学生的文化反思意识，科学重构学生的文化精神世界，让作文教学的人文价值充分发挥出来。

二、不断深化文化生活作文教学研究

文化生活作文教学，对民族地区语文教育的重要性是不言而喻的。本次课题研究显示：在民族地区，如果不通过文化生活作文培育学生的文化意识，仅仅依靠学校的标语、文化硬件设施是难以实现民族文化认同教育的。但是，由于课题研究的时间局限，课题研究中还存在很多需要在今后的推广活动中不断深化的文化生活作文教学研究。

首先，需进一步深入研究彝民族地区初中学生文化适应的现状。本次研究主要采用问卷调查法和文献法，而且主要从语文教师的视角来审视这些问题，对学生的文化适应心理研究还不够深入。而且，不同地区学生的文化适应心理和过程存在较大差异。比如：在云南地区，学生从小接受汉语教育，民族学生的生活、学习环境与汉族学生没有太大的区别，学生的学习成绩也没有明显差异，因此其文化适应是较为自然的，不会产生太大的不适应。在四川凉山，一些彝族聚居区域，小学阶段学生主要是在彝文化环境中生活，在进入初中后往往会到县城（彝汉杂居）学习，其学习与生活环境发生了明显变化，文化适应心理过程显得更为复杂。因此，需在今后的研究中选择具有典型性的学校做进一步研究。

其次，需进一步研究文化生活作文教学对学生文化适应心理的影响。由于课题偏重教学研究，显性目标是提升学生的作文水平，而学生文化适应的心理影响属于隐性目标。因此，在教学实验的过程中，尽量回避应用心理学、民族学的研究方法，而是希望通过学生"正常"的写作，让学生逐渐学会发现生活世界的文化意义，参照社会主义核心价值观进行文化反思与对话，实现传统文化与现代文化、本民族文化与他民族文化之间的对话，这实际上是运用了文化整合策略。不过，在今后的研究中，可以借鉴心理学、民族学的研究方法，对文化生活作文对学生文化适应的心理影响进行量化研究。

最后，需进一步深入研究教师文化适应策略对文化生活作文教学的影响。文化生活作文对学生文化心理的影响需要教师才能更好地发挥出来。在彝族地区，彝族语文教师与汉族语文教师在引导学生时采用的策略是否存在差异？不同教师运用同一策略的效果是否存在差异？教师在教学中如何才能更好地运用文化整合策略？深入研究这些问题，能够更好地促进文化生活作文教学的文化育人功能。

附　录

问卷调查表

一、您所在学校和您的基本情况

1. 您所在学校位于（　　）

A. 彝族聚居区　B. 彝族杂居区　C. 汉族聚居区　D. 其他

2. 您所在学校学生构成（　　）

A. 全为彝族学生　B. 彝族学生为主　C. 汉族学生为主

D. 彝汉学生差不多　E. 其他

3. 您所在学校的教学模式是（　　）

A. 一类模式　B. 二类模式　C. 普通模式（与内地相同）

D. 其他

注：一类模式是把汉语文作为一门主科开设，其余各门学科均用彝语教学；二类模式是把彝语文作为一门主科开设，其余各门学科均用汉语文教学。

4. 您是一位（　　）教师

A. 彝语文教师　B. 汉语言教师　C. 双语语文老师

D. 普通语文老师（与内地语文老师一样）

5. 您的学历是（　　）

A. 硕士研究生（具备硕士学位即可）　B. 本科　C. 专科

D. 其他

6. 您的职称是（　　）

A. 中学高级　B. 中学一级　C. 中学二级　D. 中学初级

E. 其他

7. 您的民族是（　　）

A. 彝族　B. 汉族　C. 其他

8. 您的性别是( )

A. 女　B. 男

9. 您的年龄是( )

A. 60—50　B. 49—40　C. 39—30　D. 29—20　E. 其他

二、民族初中文化生活作文教学基本情况

核心概念1：文化生活作文：指学生以与文化密切相关的生活事件（民族传统文化：风俗民情、婚丧嫁娶、文物古迹、传说、民族艺术、宗教；现代文化：科技文化、法治文化、商业文化；地域文化生活：本地、外地、外国的文化生活）为内容的记叙文（包括日记）写作。

核心概念2：文化适应：当不同文化群体的人们经常接触时，一方或双方的原文化所产生的变化称为文化适应。

社会主义核心价值观：富强、民主、文明、和谐是国家层面的价值目标，自由、平等、公正、法治是社会层面的价值取向，爱国、敬业、诚信、友善是公民个人层面的价值准则。

请填写：

预备1：文化本质上是一定群体的共同观念。您认为文化观念蕴含于( )

A. 风俗习惯　B. 行为规范　C. 建筑　D. 服饰

E. 传说　F. 语言　G. 制度

提示：多选题

预备2：文化适应过程中，原文化（本民族传统文化）观念会发生变化。您如何看待这种变化( )

A. 尽力保持原文化不发生改变　B. 放弃原文化

C. 吸收融合其他文化　D. 其他

（一）文化与作文教学观念方面的问题（共 6 题，第 10 题为多选题，第 15 题为开放题）

10. 您认为学生应用怎样的态度面对传统文化意识?（　　）

A. 自信　B. 开放　C. 创新　D. 理性反思　E. 顺其自然

F. 独尊传统

11. 您认为原文化（本民族文化）之外的其他文化对初中学生影响怎样?（　　）

A. 影响很大　B. 影响较大　C. 影响一般　D. 影响不大

E. 无影响

12. 您认为培育学生文化意识最关键的时期是（　　）

A. 小学阶段　B. 初中阶段　C. 高中阶段　D. 大学阶段

E. 其他

13. 您是否知道"社会主义核心价值观"包含的 12 个主题词（　　）

A. 全知道　B. 知道 10 个左右　C. 知道 7 个左右

D. 知道 4 个左右　E. 知道 2 个左右　F. 完全不知道

14. 您认为生活作文对学生文化意识的培育具有（　　）的价值

A. 非常重要　B. 比较重要　C. 有一定作用　D. 不太重要

E. 没有用处

15. 不同文化观念遭遇难免会发生矛盾甚至冲突。①您认为该如何处理这些问题? ②社会主义核心价值观（富强、民主、文明、和谐; 自由、平等、公正、法治; 爱国、敬业、诚信、友善）在处理这些矛盾冲突时有何作用?

（二）教师作文教学活动方面的问题（共计 5 题，第 18 题为多选题，第 20 题为开放题）

16. 您在作文教学中是否有意识培育学生文化反思、对话和创新意识?（　　）

A. 是，明确　B. 是，但不到位　C. 否，拒绝

D. 否，不知道

17. 您在作文教学中是否从文化角度关注学生的记叙文写作？（　　）

A. 非常关注　B. 较为关注　C. 关注　D. 不太关注

E. 完全忽视

18. 您在记叙文教学中，引导学生关注过哪些文化生活（事件）？（　　）

A. 风俗民情　B. 节日庆典　C. 文物古迹　D. 传说

E. 宗教　F. 传统艺术　G. 科技文化　H. 法治文化

I. 商业文化　J. 其他（可补充）

19. 您曾经通过文化生活作文培育学生的中华民族共同体意识吗？（　　）

A. 是　B. 否

20. 您认为应如何通过文化生活作文培育学生的中华民族共同体意识？

三、学生作文和文化观念方面的问题（共计5题，第22、24、25、26、27题为多选题，其他单选）

21. 学生记叙文写作在选材方面存在的问题（　　）

A. 严重　B. 较严重　C. 一般　D. 问题不大　E. 无问题

22. 学生记叙文写作在选材方面的主要问题是（　　）

A. 贫乏、无意义　B. 千篇一律　C. 无话可说　D. 虚假

E. ＿＿＿＿＿＿＿（可补充）

23. 学生记叙文写作从文化角度审视材料的情况（　　）

A. 经常　B. 有时　C. 偶尔　D. 不能

24. 学生记叙文写作在立意方面的主要问题是（　　）

A. 主题（中心）不鲜明　B. 主题不深刻　C. 主题不新颖

D. 主题雷同

25. 学生记叙文写作在思维方面的主要问题是（　　）

A. 思路混乱　B. 分析能力不足　C. 联想与想象能力不足

D. 综合能力不足

26. 学生记叙文写作在语言方面的主要问题是（　　）

A. 语法错误多　B. 词汇贫乏　C. 形象性不足

D. 不善运用修辞　E. ＿＿＿＿＿＿（可补充）

27. 学生在接触其他文化（非本民族文化）时，存在的主要问题是（　　）

A. 盲目抵制　B. 盲目跟从　C. 主动融合　D. 被动吸纳

E. 其他

28. 原文化（民族传统文化）与其他文化遭遇时，您认为学生是如何对待原文化的？学生是如何对待非本民族文化的其他文化（其他民族的传统文化、国外文化）的？

参考文献

［1］中华人民共和国教育部. 义务教育语文课程标准［S］. 北京：北京师范大学出版社，2011：13.

［2］中华人民共和国教育部. 民族中小学汉语课程标准（义务教育）［S］. 北京：人民教育出版社，2014：5.

［3］安然. 跨文化传播与适应研究［M］. 北京：中国社会科学出版社，2011：21.

［4］胡斌. 发现与建构——基于现象学的生活作文研究［M］. 成都：四川大学出版社，2013.

［5］马正平. 高等写作学引论［M］. 北京：中国人民大学出版社，2002：90.

［6］马正平. 高等写作思维训练教程［M］. 北京：中国人民大学出版社，2002：18.

［7］谭蘅君，王洪. 初中生文化作文［M］. 重庆：重庆出版社，2009：3.

［8］刘守华. 文化学通论［M］. 北京：高等教育出版社，1992：34.

［9］李荣善. 文化学引论［M］. 西安：西北大学出版社，1996：25.

［10］夏丏尊，刘熏宇. 文章作法［M］. 北京：中华书局，2007：30.

［11］张鸿苓. 语文教育学［M］. 北京：北京师范大学出版社，1993：211.

[12] 张隆华. 语文教育学 [M]. 重庆：重庆出版社，1987：251.

[13] 叶圣陶. 文章例话 [M]. 长沙：湖南教育出版社，2008.

[14] 叶圣陶. 叶圣陶论语文教育 [M]. 郑州：河南教育出版社，1986：63－64.

[15] 埃德蒙德·胡塞尔. 欧洲科学危机和超验现象学 [M]. 张庆熊，译. 上海：上海译文出版社，2005：64.

[16] 埃德蒙德·胡塞尔. 经验与判断 [M]. 邓晓芒，张廷国，译. 北京：生活·读书·新知三联书店，1999：159.

[17] 莫里斯·梅洛-庞蒂. 知觉现象学 [M]. 姜志辉，译. 北京：商务印书馆，2001：131.

[18] 阿格妮丝·赫勒. 日常生活 [M]. 衣俊卿，译. 重庆：重庆出版社，1990：3.

[19] 赫尔曼·鲍辛格. 日常生活的启蒙者 [M]. 吴秀杰，译. 桂林：广西师范大学出版社，2014：24.

[20] 马丁·海德格尔. 存在与时间 [M]. 陈嘉映，王庆节，译. 北京：生活·读书·新知三联书店，2006：147.

[21] 罗伯特·索科拉夫斯基. 现象学导论 [M]. 高秉江，张建华，译. 武汉：武汉大学出版社，2009：173.

[22] Rudof Bernet, Iso Kern and Eduard Marbach ：An Introduction to Husserlian PHenomenology [M]. Evanston：Northwestern University Press，1993.

[23] Geert Hofstede, Gert Jan Hofstede. Cultures and Organizations：Software of the Mind [M]. New York：McGraw-Hill，2010.

[24] Pinney, J. S. Ethnic identity and acculturation. In K. M. Chun, P. B. Organista, & G. Marín（Eds.），Acculturation：Advances in theory, measurement, and applied research [M]. Washington, DC：American Psychological Association. 2003.

［25］ M. Meleau-Ponty. Phenomenology of Perception ［M］. London and New York：Routledge：1999.

［26］朱建人. 生活作文之研究 ［J］. 上海教育科研，2004 （1）：36－38.

［27］钱林波. 审视"伪文化"——关于中学写作教学的又一种异化 ［J］. 语文教学通讯：高中，2006 （4）：40-41.

［28］胡斌，程淑贞. 文化生活作文的定义、特点及教学价值研究 ［J］. 教育理论与实践，2018 （5）：45-47.

［29］李南麟. 胡塞尔先验现象学和梅洛-庞蒂的知觉现象学 ［A］杜小真，刘哲. 理解梅洛-庞蒂——梅洛-庞蒂在当代 ［C］. 北京：北京大学出版社，2011：55.

［30］托马斯·麦格奈尔. 表层文化、深层文化和文化认同 ［N］. 中国社会科学报，2010-8-24.

［31］常永才，John W. Berry. 从文化认同与涵化视角看民族团结教育研究的深化——基于文化互动心理研究的初步分析 ［J］. 民族教育研究，2010 （6）：18.

［32］方明生. 日本教育中的"生活作文"教学思想 ［J］. 外国教育资料，1996 （5）.

［33］周燕. 回归生活的语文教学——兼谈"生活世界"≠"日常生活"［J］. 当代教育科学，2007 （12）：50-53.

［34］洪云. 解读生活内涵，优化作文教学 ［J］. 渤海大学学报（哲学社会科学版），2011 （5）：114-116.

［35］张卫东，吴琪. 跨文化适应能力理论之构建 ［J］. 河北学刊，2015 （1）：218-221.

［36］万明钢，王平. 教学改革中的文化冲击与文化适应问题 ［J］. 教育研究，2005 （10）：44-46.

［37］孟凡丽. 教学理论研究中的文化适应 ［J］. 教育评论，2002 （5）：1.

［38］杨孝斌，罗永超. 民族地区数学教育的文化适应性研究 ［J］.

中小学课堂教学研究，2017（Z1）：15-18.

［39］安晓镜. 多民族地区初中生民族认同、文化适应策略与多元文化意识关系之探究［J］. 民族教育研究，2017（5）：84-89.

［40］Farver，J.，Narang，S.，& Bhadha，B. East meets West：Ethnic identity，acculturation，and conflict in Asian Indian families［J］. Journal of Family Psychology，2002.

［41］Rumbaut，R. G. The crucible within：Ethnic identity，self-esteem，and segmented assimilation among children of immigrants［J］. International Migration Review，1994.

［42］Cokley，K. O. Racial（ized）identity，ethnic identity，and Afrocentric values：Conceptual and methodological challenges in understanding African American identity［J］. Journal of Counseling Psychology，2005.

［43］石世德. 新课标下初中作文教学反思［N］. 安康日报，2011-8-25（7）.

［44］罗剑. 浅谈初中作文教学［N］. 云南经济日报，2017-9-4（2）.

［45］俞毅. 初中作文教学的困境及其出路探究［D］. 长沙：湖南师范大学，2012.

［46］Ranim Hallab（2009）. Acculturation to the global consumer culture and ethnic identity：an empirical study in Lebanon［D］. Concordia University，2009

［47］关于自己做错事的作文［EB/OL］.（2015-10-7）. http：//www. wudu001. com/zuowen/349675/

［48］靳建明. 重庆培训总结［EB/OL］.（2013-11-5）. http：//blog. sina. com. cn/s/blog＿d8f5b2330101ectd. html.

［49］封鑫宇. 匠人［EB/OL］.（2016-5-26）. http：//www. zw99999. com/read. php? tid＝13392.

［50］人民日报评论员. 筑牢中华民族共同体的思想基础——二论

学习贯彻习近平中央民族工作会议重要讲话精神［N］. 人民日报，2014-10-10（1）.

［51］木帕什哈. 彝语文教学中弘扬彝族传统文化的途径研究结题报告［EB/OL］.（2014-8-16）. http：//www. docin. com/p-893846686. html.

后　记

从课题立项到书稿的完成，已经整整三年。三年时间说来不短，但对于一个需要一定周期的教学实验研究来说，时间还是格外紧张。课题研究首先需要进行调研，尽管在之前对部分彝族地区初中学生的作文教学情况有一定了解，但更多是道听途说（文献与谈话）。当此课题得到立项时，笔者认为自己熟悉民族地区的教育，很快就能完成课题研究。但是，在研究的过程中，还是出现了一些出乎意料的问题。

首先是没想到此次课题研究如此困难。在研究的过程中，笔者到一线学校上课，才发现彝族地区的学生作文基础之差超乎想象。当我去德昌民族中学时，是在一个 A 类班级上课。以为 A 类班的学生的基本写作能力应该没问题。课题研究的核心目标是学生选材与立意的问题，于是，我结合部编版语文教材作文教学活动，在初一年级进行作文立意教学，并与德昌民族中学的左永会老师一起进行教学设计。但是，一深入课堂，才发现自己严重水土不服，高估了 A 类班级学生的作文水平，这些 A 类班级的很多学生连流水账的记叙文都不会写，更遑论作文有鲜明的中心。因此，我认为德昌民族中学的情况最具代表性，也只有解决这里的问题，课题研究才有更为普遍的实践价值。这就意味着研究起点还需要降低，降低到让学生能用汉语把一件事情写清楚这一目标上来，这也就增加了研究的难度。因此，我在教学实验的过程中不断与实验教师沟通交流，不断调整教学实验方案。教学实验的过程不仅是与教师不断磨合的过程，也是与学生不断磨合的过程。最后通过四次作文教学实验（楚雄一中集中开展了 3 次教学实验），通过对实验数据的统计与分析，基本达到预定的核心研究目标——学生能进行生活作文选材与文化立意。至于语言、写作方法等教学目标，则由实验教师在教学中结合实验设计方案进行，也取得了较好的实验效果。

在课题研究中，我也感受到志趣相投的快乐，收获到宝贵的友谊。楚雄一中的王红力书记，本来日常行政工作就非常繁忙，在实验阶段身体还出了一点状况，但是他选择了坚持，和楚雄一中的各位研究老师认真按照实验设计展开教学实验，取得了较好的教学实验效果，并在《楚雄学报》公开发表了一篇课题研究论文。德昌民族中学的左永会老师，在教学实验中多次与我交流沟通，不断完善实验方案，保证了课题研究实验的顺利开展。黄昆老师、夏玲老师、柯红英老师，她们全程参与了教学实验，一方面根据课题组的统一要求开展教学实验，另一方面又结合自己授课班级的实际展开作文语言、思维、写作方法训练，并且取得了较好的实验效果。如果没有她们的付出与坚持，课题研究是难以完成的。楚雄一中的刘校长、德昌民族中学的魏校长也大力支持课题研究。此外，德昌县民族初级中学 2015 级 3 班的谭军老师、2016 级 6 班的肖瑶老师，全程参与本次教学实验，为课题实验的顺利进行提供了重要支持；越西县杨茜老师、美姑中学勒者吉克莫老师给课题研究提供了宝贵的资料。笔者代表课题组对他们表示衷心的感谢！

最后，还要感谢我的两位研究生彭娜、何杰。她们参与了课题调研与实验工作，在研究中为调研、课题会议的召开付出了大量艰辛的劳动。同时，她们基于课题展开了毕业论文的写作，不仅圆满完成自己的学业，而且还公开发表了学术论文。在此，笔者为她们的辛苦付出表示感谢！

作　者

2018 年 6 月